Aprende

a

Emprender

Paúl López

DEDICATORIA

Este libro como nunca antes lo había hecho lo dedico a Dios con todo mi corazon, lo conoci de manera muy profunda un par de meses atrás de que escribiera este libro, el me mostro el camino de la verdad, la resiliencia y de la verdadera felicidad, gracias mi Dios por obrar en mi vida de la manera que solo tu lo sabes hacer, hoy soy un testigo mas de tu gran obra y los planes divinos que tienes para cada uno de nosotros.

Te dedico a ti amor de mi vida, a ti Vane, la mujer que me fortalece en todo momento y saca el mayor potencial para entregarlo al mundo, te agradezco por siempre apoyarme en todo lo que emprendo, a través de esta montaña rusa que seguimos y seguiremos sorteando, vamos a seguir en amor firmes y con nuestra armadura en Dios puesta para las batallas que se nos vengan.

A mi padre Roly, este libro es uno de los primeros frutos de toda su dedicación, pasión y entrega que ha tenido para moldearme y preparar mi camino como un hombre visionario y siempre emprendedor. Solo usted sabe todas esas experiencias tan grandes y profundas que hoy nos fortalecen.

Y para finalizar quiero dedicar este libro a mi madre Pily, mis hermanas Dani y Vicky, les amo con todo mi corazón, y recuerden que siempre vamos a estar juntitos, gracias por ponerle esa alegría y color a mi vida.

"Dios pone las mejores batallas a los mejores guerreros"

CONTENIDO

Agradecimientos   i

1 Introduccion   N.º pág. 1

2 La Mentalidad del Empendedor   N.º pág. 15

3 Fundamentos del Emprendimiento   N.º pág. 45

4 Idea es = a Polvora   N.º pág. 61

5 Inteligencia Artificial   N.º pág. 79

6 Modelo de Negocios y Financiamiento   N.º pág. 97

7 Marketing y Ventas   N.º pág. 123

8 La Montaña Rusa del Emprendedor   N.º pág. 137

9 Vocabulario del Emprendedor   N.º pág. 145

10 Acerca del Autor Mensaje Final   N.º pág. 155

11 Mensaje Final   N.º pág. 161

AGRADECIMIENTOS

Agradezco a Dios por que sus planes son perfectos, El ha puesto cada cosa de una forma tan especial que las piezas del ajedrez hoy se mueven como un reloj, y hoy gracias a El, puedo llegar a ti a través de este libro de conocimiento practico y experiencia de muchas caídas y muchos éxitos que hoy los pongo a tu disposición.

Te agradezco a ti mi principal editora Vanessa Burgos y por supuesto quien es el amor de mi vida, y es que tu eres mi complemento, mi complice de cada nuevo emprendimiento, gracias por ser mi compañera de vida y la compañía idónea para construir y cristalizar cada sueño.

Quiero hacer un agradecimiento especial a ti emprendedor en acción, gracias por confiar en mi y en este libro que transformará tu chip mental, y encenderá ese fuego interior que hara implosionar todo tu potencial, todos esos dones y talentos que Dios te ha dado para ponerlos al servicio de los demás.

CAPÍTULO 1

INTRODUCCIÓN

UN MENSAJE DE MI PARA TI _____

Hola Emprendedor/a en Acción,

Bienvenid@ a ser parte de este increíble proceso de transformación de tu vida, donde potenciaras tu chip mental como emprendedor, ese chip que tu y yo sabemos que lo tienes listo para implosionar y comenzar a construir tus sueños. A través de este libro te invitare y te motivare a pasar de la idea a la acción con conocimiento técnico y muchas historias de emprendedores de acción.

Este libro lo pongo a tu disposición con todo cariño, quiero que se nutra de tu visión, tus anhelos y de todos tus sueños, para así convertirse en tu principal motor que te impulse a conquistar lo que tanto deseas, tu libertad financiera a través de tu emprendimiento.

Este libro no tiene que ser como otro de los que quieres solo llegar al final, y tratas solo de avanzar lo mas rápido que puedas, si así vienes un dia mejor vuelve luego y tomate ese tiempo especial, de verdad, porque si tienes un dia asi, acuérdate de que es como que quieras solo recibir la cuenta de la cena, y no disfrutar del aperitivo, el fuerte y el postre que tiene para ofrecerte cada dia este libro a ti, saborealo, disfrutalo y nútrete de el.

El ser un emprendedor como muchos dicen no es fácil, eso es verdad, pero lo que también es verdad es que te convertiras en un ser extraordinario, que vibra en una sintonía más alta, tomaras la decisión de montarte en la montaña rusa más increíble del Planeta, confiaras en todo su potencial y en la de tu sueño, para juntos disfrutar de esta aventura increíble.

¡Hoy iniciamos la construcción de tu camino como emprendedor!!

¡¡Agárrate Fuerte!! Que iniciamos en:

3

2

1

LA ERA DEL EMPRENDIMIENTO_____

En los albores de la historia humana, cuando las primeras civilizaciones comenzaron a comerciar entre sí, nacieron los primeros destellos del espíritu emprendedor. Desde esos intercambios primordiales hasta el vertiginoso mundo de las startups de hoy, la chispa del emprendimiento ha sido una constante, impulsando a la humanidad a mayores alturas y posibilidades infinitas. Pero si alguna vez hubo un momento dorado para emprender, es ahora: vivimos en la era del emprendimiento.

La revolución digital ha democratizado el acceso a la información, nivelando el campo de juego como nunca antes. Ahora, desde la comodidad de un hogar en Atuntaqui, uno puede crear un producto y venderlo en Tokio. Las fronteras geográficas se desvanecen ante la omnipresencia del mundo digital. Las oportunidades son vastas y solo están limitadas por nuestra imaginación.

Y hablando de imaginación, recordemos la historia de Airbnb. Brian Chesky y Joe Gebbia tenían un problema: no podían pagar el alquiler de su departamento en San Francisco. Pero en lugar de resignarse, vieron una oportunidad. Durante una conferencia de diseño, alquilan colchones inflables en su sala y sirven el desayuno a sus huéspedes. ¿El resultado? Una idea que desafió la forma tradicional de viajar y hospedarse, democratizando el alojamiento y permitiendo que las personas de todo el mundo abran sus hogares a extraños. Es el testimonio perfecto de cómo un problema cotidiano, visto con ojos creativos, puede dar lugar a una revolución global.

Si alguna vez te has sentido pequeño, recuerda que las grandes empresas, las que hoy son colosos, comenzaron con una idea, en un garaje, en una habitación, en un rincón de este vasto mundo. Emprender no es simplemente abrir un negocio; es tener el coraje de soñar y el arrojo para perseguir esos sueños, enfrentando cada obstáculo, cada fracaso, con resiliencia y determinación.

La era del emprendimiento es más que una fase en la historia económica; es un llamado a cada individuo a ver el mundo con ojos curiosos, a cuestionar el status quo y a tener la valentía de creer que puede ser el próximo agente de cambio. Es un llamado a creer en uno mismo, en la visión propia, en la capacidad de transformar una chispa en un fuego rugiente.

"Si puedes soñarlo, puedes hacerlo", dijo una vez Walt Disney. Y en esta era dorada del emprendimiento, estas palabras resuenan con más fuerza que nunca. Todos tenemos ese potencial, esa chispa.

La pregunta es:

¿Estas dispuesto a encender esa llama que va a recorrer por todo tu cuerpo y ser?

Ten por seguro que va a quemar algunas partes

Si la respuesta fue ¡SI!, entonces vamos adelante con este aprendizaje que cambiara tu forma de ver el mundo y como aprovechar cada oportunidad que se te presenta para construir tus sueños.

¡Esas quemaduras lo valdrán todo!

PORQUE EMPRENDER HOY EN DIA _

En el vasto tapiz de la historia humana, cada era tiene sus propios desafíos y oportunidades. Sin embargo, la era contemporánea, con sus avances tecnológicos y accesibilidad sin precedentes a la información, presenta un terreno fértil, un escenario donde las ideas más audaces pueden florecer y cambiar el mundo. Pero, ¿por qué exactamente es hoy el momento propicio para emprender? Veámoslo.

El Poder de la Conexión: La tecnología ha reducido nuestro vasto mundo a un pueblo global. En tiempos anteriores, las grandes ideas estaban limitadas por las barreras geográficas; hoy, estas fronteras son meramente conceptuales. Un emprendedor en Nairobi puede conectarse instantáneamente con un inversionista en Nueva York, y juntos, pueden dar vida a una idea que toque vidas en Melbourne. Esta interconexión ha transformado la manera en que concebimos los negocios y ha ampliado exponencialmente el alcance potencial de cualquier nueva empresa.

El Surgimiento de Problemas Modernos: Con los cambios acelerados en la tecnología y la sociedad, han surgido desafíos únicos. Estos problemas modernos requieren soluciones modernas. Y aquí es donde entra la mente del emprendedor, equipada con las herramientas y el conocimiento del siglo XXI, lista para abordar y superar estos desafíos.

Tomemos el caso de Spotify. En una época en que la piratería musical parecía imparable, dos visionarios suecos, Daniel Ek y Martin Lorentzon, vieron más allá del problema. Identificaron una necesidad: las personas querían acceder fácilmente a la música sin infringir leyes o pagar por cada pista. En lugar de ver la piratería como una amenaza insuperable, vieron una oportunidad. Y así, nació Spotify, que transformó no solo cómo consumimos música, sino también cómo valoramos y accedemos al contenido digital. Esta solución innovadora no solo benefició a los consumidores, sino también a artistas, productores y a toda la industria musical.

El Empoderamiento del Individuo: Nunca antes los recursos, el conocimiento y las herramientas han estado tan al alcance de la mano. Cursos, tutoriales, plataformas de crowdfunding, redes de contactos; el emprendedor de hoy tiene a su disposición un arsenal que hubiera sido impensable hace solo unas décadas.

El Viaje Interior: Pero más allá de las oportunidades externas, emprender hoy es también un viaje interior. Es un llamado a explorar nuestras pasiones, nuestros sueños y nuestras aspiraciones más profundas. En el núcleo de cada empresa exitosa hay una historia personal, un deseo ardiente de marcar la diferencia, de dejar una huella en el mundo.

Al emprender, no solo estás creando un producto, un servicio o una solución. Estás forjando tu destino. Estás dando voz a tu visión y permitiendo que tu pasión brille con toda su intensidad.

Por lo tanto, si sientes ese cosquilleo, esa chispa, ese deseo inquebrantable de llevar tu idea al mundo, no hay mejor momento que ahora. Porque en el mundo de hoy, no solo estás construyendo un negocio, estás creando un legado. Y cada vez que escuches tu canción favorita en Spotify, deja que te recuerde que el mundo está esperando, ansioso, por tu próxima gran idea.

EL PAPEL DE PL UNIVERSITY EN EL ECOSISTEMA EMPRENDEDOR _____

Cuando nos adentramos en el mundo del emprendimiento, es esencial tener referentes, modelos a seguir, aquellos que con sus historias de éxito y superación nos muestran que los sueños más audaces pueden, de hecho, hacerse realidad. Uno de esos nombres que resplandecen con especial brillo en el firmamento emprendedor es el de Paul López.

A los 17 años, mientras la mayoría de jóvenes de su edad estaban preocupados por los vaivenes típicos de la adolescencia, Paul fundó Disprocom, su primera empresa. Lo que comenzó como un deseo juvenil de marcar la diferencia, con el tiempo se consolidó y se internacionalizó, demostrando que la pasión, el arrojo y una visión clara pueden mover montañas. Pero Paul no se detuvo ahí. Reconociendo la importancia del ecosistema emprendedor, extendió su mano para apoyar a innumerables emprendedores en América Latina y Estados Unidos, convirtiéndose en más que un empresario: un faro, un guía para todos aquellos que se aventuran en el intrincado mundo de crear y construir.

Sin embargo, el papel de Paul en el ecosistema va más allá de su propia empresa. Su visión dio origen a PL University, una institución que se diferencia radicalmente del paradigma educativo tradicional. Si algo ha demostrado la historia de los emprendedores exitosos es que, si bien la educación formal es invaluable, no es el único camino para adquirir conocimiento y habilidades.

PL University surge de esta filosofía. Bajo el lema de que el aprendizaje no está confinado a las aulas, esta institución ofrece a los emprendedores no solo herramientas prácticas, sino también un entorno de apoyo, colaboración y mentoría. Es un espacio donde la teoría y la práctica se entrelazan, y donde cada estudiante se convierte en protagonista activo de su proceso educativo.

El mundo del emprendimiento ha sido comparado, con razón, con una montaña rusa. Altos vertiginosos y bajadas abruptas, momentos de euforia y otros de incertidumbre. En este escenario, contar con el respaldo y el conocimiento adecuado es crucial. Y aquí es donde PL University se convierte en el compañero de viaje ideal para cualquier emprendedor.

A través de sus programas, cursos y talleres, PL University desafía el status quo educativo, demostrando que el aprendizaje puede ser dinámico, adaptativo y, sobre todo, profundamente relevante. Aquí no solo se enseña a crear un negocio, sino a comprender los matices del mercado, a cultivar una mentalidad de crecimiento y a desarrollar habilidades de liderazgo que trascienden las paredes de cualquier empresa.

Quizás te preguntes: ¿Por qué debería elegir PL University? La respuesta es simple. Porque más allá de una institución, es una comunidad. Una comunidad fundada por alguien que, como tú, soñó en grande y transformó ese sueño en una realidad tangible.

Al leer estas líneas, es probable que sientas un cosquilleo de curiosidad, una chispa de interés. Esa es precisamente la magia de PL University. Y si sientes esa llamada, esa necesidad de aprender, crecer y transformarte en el mejor emprendedor posible, te animo a seguir adelante en este libro. Porque esta es solo la punta del iceberg. El verdadero viaje, lleno de aprendizajes, descubrimientos y crecimiento, está a punto de comenzar.

CAPÍTULO 2

LA
MENTALIDAD
DEL
EMPRENDEDOR

Si hay algo que distingue a los emprendedores exitosos, más allá de sus ideas innovadoras o su habilidad para detectar oportunidades donde otros ven obstáculos, es su mentalidad. La mentalidad de un emprendedor no es un atributo con el que se nace, sino algo que se forja, se moldea y se perfecciona a través de desafíos, fracasos y reinicios.

El viaje emprendedor es un camino sinuoso, lleno de altibajos, de euforias seguidas de momentos de desesperanza. En esos momentos de incertidumbre, es la mentalidad la que actúa como ancla, permitiendo al emprendedor mantener el rumbo, incluso cuando las tormentas arrecian. Pero, ¿qué es exactamente esta "mentalidad indomable"? Es una combinación de resiliencia, perseverancia, autoconciencia y, sobre todo, una pasión inquebrantable por lo que se está construyendo.

La historia de la humanidad está repleta de ejemplos de individuos que, a pesar de las adversidades, demostraron una mentalidad indomable. Uno de esos ejemplos es Nelson Mandela. Su lucha contra el apartheid en Sudáfrica lo llevó a pasar 27 años en prisión. Sin embargo, lejos de quebrantar su espíritu, ese encierro sólo fortaleció su determinación. Mandela no solo emergió de la prisión con su determinación intacta, sino que eventualmente lideró a su país hacia una nueva era de reconciliación y reconstrucción.

¿Qué podemos aprender de Mandela en el contexto del emprendimiento? Aunque la magnitud y naturaleza de sus desafíos fueran distintos, el núcleo de su fortaleza mental se basa en principios universales. Primero, la claridad de propósito. Mandela sabía cuál era su misión y estaba dispuesto a sacrificarse por ella. Segundo, la capacidad de adaptarse y aprender. A pesar de estar encerrado, utilizó ese tiempo para reflexionar, crecer y planificar. Y tercero, la perseverancia. A pesar de los desafíos aparentemente insuperables, nunca perdió de vista su objetivo final.

Estos mismos principios son esenciales para el emprendedor. La claridad de propósito te permite mantenerte enfocado cuando las distracciones se multiplican. La adaptabilidad te permite navegar por un mercado en constante cambio, mientras que la perseverancia es lo que te impulsa a seguir adelante, incluso cuando todos los indicadores sugieren que te rindas.

Por supuesto, la mentalidad no es algo estático. Al igual que un músculo, se fortalece con el uso. Cada desafío superado, cada fracaso del que se aprende, contribuye a forjar ese carácter indomable que distingue a los emprendedores más exitosos.

Al adentrarnos en este capítulo, te invito a mirar hacia adentro, a reflexionar sobre tus propias fortalezas y debilidades, y a reconocer que, en el núcleo de tu ser, reside una mentalidad indomable lista para ser despertada y cultivada. Porque cada emprendedor tiene su propia historia, su propio camino, pero todos comparten esa chispa, ese fuego interior que los impulsa a transformar sueños en realidades palpables.

QUIEN ERES TU_____

"Lo que no esta en papel, no existe"

Para sumergirnos en este libro, quiero comenzar haciendo una pregunta fundamental:

¿Quién eres tú?

La respuesta a esta pregunta puede parecer obvia, pero déjame decirte que, en el contexto del emprendimiento, encontrar tu verdadera identidad es esencial. No me refiero simplemente a tu nombre y apellido, sino a aquello que te define como individuo, a tus pasiones, habilidades únicas y a lo que te motiva cada día.

El emprendimiento es un camino exigente y apasionante, lleno de desafíos y recompensas. Para tener éxito en esta montaña rusa, necesitas una brújula que te guíe en medio de las incertidumbres y te impulse hacia la cima del éxito. Esa brújula eres tú, con todas tus habilidades, sueños y aspiraciones.

En este capítulo introductorio, te invito a hacer un viaje interior para descubrir quién eres realmente como emprendedor. Exploraremos tus valores, tus objetivos, tus fortalezas y, lo que es igualmente importante, tus debilidades. A través de esta introspección, te prepararás para construir una base sólida que te permita enfrentar los desafíos con confianza y perseverancia.

Vamos a comenzar, y quiero invitarte a que te relajes, estas solo tu, quien te habla y tu libro en tus manos, asi que puedes confiar en que en este momento nadie mas escuchara lo que pienses, o leera lo que vayas a escribir, es momento de que con sinceridad describas quien eres tu como persona, el próximo emprendedor en acción.

DEFINE TUS VALORES Y PRINCIPIOS

Los valores son la brújula moral que guía tus acciones y decisiones como emprendedor. Reflexiona sobre cuáles son los principios fundamentales que gobiernan tu vida y cómo estos se alinean con tus objetivos empresariales. Comprender tus valores te ayudará a tomar decisiones más coherentes y éticas a lo largo de tu trayectoria emprendedora.

Tomate tu tiempo, recuerda que el camino de un emprendedor no es una carrera de 100 metros, es una carrera de resistencia larga y extensa con muchas emociones juntas.

¿Estas listo?

Escribe a continuación los valores y principios que consideras que pertenecen a tu esencia:

Valores

_____

_____

_____

_____

_____

Principios

_____

_____

_____

_____

_____

DESCUBRE TU PASIÓN Y PROPÓSITO

El emprendimiento requiere de dedicación y mucha energía positiva. Descubrir tu pasión y propósito te dará el combustible necesario para enfrentar los desafíos con determinación y entusiasmo. Pregúntate: ¿qué te apasiona realmente? ¿Qué te gustaría lograr con tu emprendimiento más allá de solo la ganancia económica?

La ganancia económica viene por añadidura, lo importante es tu esencia y como ayudaras a este mundo a ser mejor.

¿Qué te apasiona realmente?

_____

_____

_____

_____

_____

¿Qué te gustaría lograr con tu emprendimiento más allá de solo la ganancia económica?

_____

_____

_____

_____

_____

EVALÚA TUS HABILIDADES Y FORTALEZAS

Cada emprendedor trae consigo un conjunto único de habilidades y talentos. Identifica tus fortalezas y cómo pueden ser aprovechadas para crear un negocio exitoso. Al mismo tiempo, sé consciente de tus debilidades y considera cómo puedes mejorar o rodearte de personas que complementen tus habilidades.

Escribelo a continuación,

Habilidades o Talentos

_____

_____

_____

_____

_____

Debilidades

_____

_____

_____

_____

_____

Escribir tus debilidades te dará una visión mas clara de que es lo que necesitamos adquirir o conseguir en otras personas que el dia de mañana serán tu equipo de trabajo, con esto fortaleceras ese sueño que comienza a formarse hoy.

DEFINE TUS METAS Y OBJETIVOS

El emprendimiento sin metas claras es como un barco sin rumbo en un mar tormentoso. Establece metas claras y alcanzables para tu negocio, tanto a corto como a largo plazo. Visualiza dónde te gustaría estar en el futuro y qué acciones concretas te llevarán hacia esos objetivos.

Una de esas acciones ya es haber comenzado por este libro.

Metas y Objetivos

_____

_____

_____

_____

_____

_____

Acciones que te llevaran a cumplir esas Metas

_____

_____

_____

_____

_____

_____

_____

_____

_____

Responder a la pregunta "¿Quién eres tú?" como emprendedor es el primer paso para adentrarte en este emocionante mundo. Conocerte a ti mismo te dará la confianza y la convicción necesarias para superar los obstáculos y disfrutar del camino del emprendimiento. Prepárate para descubrir nuevas facetas de tu ser y para construir una base sólida para el éxito empresarial. ¡Sigue adelante con pasión y determinación, porque la aventura del emprendimiento te espera con los brazos abiertos, solo estaba esperando que des el primer paso!

FORTALEZA MENTAL_____

El emprendimiento es un viaje emocionante, pero también puede ser un camino lleno de desafíos y altibajos, es por eso que en este libro hago referencia a la montaña rusa con el emprendimiento, porque tendremos subidas y bajadas inevitables que formaran parte de tu proceso, y para enfrentar las inevitables adversidades y mantener el enfoque en tus objetivos, necesitarás una fortaleza mental sólida. En este capítulo, exploraremos en detalle cómo adquirir y fortalecer tu mente para afrontar con éxito los retos del emprendimiento.

¿CÓMO ADQUIRIR FORTALEZA MENTAL?

Uno de los pilares para un emprendedor es su fortaleza mental, y ahora conoceras puntos específicos de como adquirirla.

AUTOCONOCIMIENTO

El primer paso para adquirir fortaleza mental es el autoconocimiento, lo cual ya lo hiciste en el capitulo anterior, este recuerda que será tu brújula principal, ya que recordarte quien eres tu y lo que has sido capaz de enfrentar hasta este dia te recordará lo fuerte, valiente y lo guerrero que eres.

El autoconocimiento puede tener un impacto significativo

en la autoestima de una persona, ya que nos permite comprendernos mejor y aceptarnos tal como somos. Aquí hay algunas formas en las que el autoconocimiento puede ayudar a fortalecer la autoestima:

1. **Aceptación de uno mismo:** El autoconocimiento nos permite reconocer nuestras virtudes y defectos, aceptándolos como partes naturales de quienes somos. Al aceptarnos a nosotros mismos sin juzgarnos severamente, cultivamos una mayor autoaceptación y compasión hacia nosotros mismos.

2. **Identificación de fortalezas:** Al conocer nuestras habilidades, talentos y cualidades positivas, podemos reconocer nuestras fortalezas. Este reconocimiento nos brinda una sensación de competencia y confianza en nuestras capacidades, lo que eleva nuestra autoestima.

3. **Autoconfianza:** Con el autoconocimiento, comprendemos nuestros logros y éxitos pasados. Al recordar nuestras experiencias de superación y crecimiento personal, desarrollamos una mayor confianza en nuestra capacidad para enfrentar nuevos desafíos y alcanzar nuestras metas.

4. **Establecimiento de límites saludables:** El autoconocimiento nos permite reconocer nuestras

necesidades emocionales, físicas y mentales. Al establecer límites claros y aprender a decir "no" cuando

sea necesario, protegemos nuestra autoestima al no permitir que otros nos exploten o nos hagan sentir menos valiosos.

5. Gestión de emociones: Al estar más conectados con nuestros pensamientos y emociones, podemos comprender mejor nuestras reacciones ante diferentes situaciones. Esto nos ayuda a manejar nuestras emociones de manera más saludable, reduciendo el estrés y fortaleciendo nuestra confianza en nuestras

habilidades para enfrentar la vida con equilibrio emocional.

6. Empoderamiento: El autoconocimiento nos brinda un sentido de empoderamiento y autonomía. Al comprender nuestras necesidades, deseos y metas personales, nos sentimos más capacitados para tomar decisiones alineadas con nuestros valores, lo que refuerza nuestra autoestima.

7. Autenticidad: Al conocer nuestras creencias, valores y auténticas aspiraciones, podemos vivir una vida más auténtica y genuina. Ser fieles a nosotros mismos nos permite sentirnos más seguros y orgullosos de nuestra identidad, lo que contribuye a una mayor autoestima.

El autoconocimiento es una herramienta poderosa para fortalecer la autoestima. Al comprendernos mejor, aceptarnos con amabilidad y reconocer nuestras fortalezas, podemos desarrollar una mayor confianza en nosotros mismos, establecer límites saludables y vivir una vida más auténtica y plena.

Hoy en dia, ¿porque crees que personas que eran totalmente desconocidas gracias a las redes sociales se han hecho tan famosas?, es porque su principal

RECARGAR ENERGÍA MENTAL

La segunda forma de adquirir fortaleza mental y desde mi punto de vista es el mas importante es encontrando tu fuente de inspiración, eso que te apasiona hacer, en esta parte no tienes limite, solo deja que tu ser se libere y te exprese que es lo que verdaderamente le inspira, puede ser leer libros, escuchar podcasts inspiradores, rodearte de personas positivas o conectarte
con la naturaleza, inclusive a muchos les pasa que su inspiración es construir cada dia su proyecto, su emprendimiento. Identifica estas fuentes y utilízalas para recargar tu energía mental cuando te sientas agotado o desmotivado.

Luego de leer lo que te quiero decir a continuación cierra tus ojos y ponlo en practica.

Vamos a poner un ejemplo muy practico de como recargar esa energía mental haciendo el ejercicio de la
mochila, vas a cerrar tus ojos, detrás de ti esta una mochila que cargas todos los días y todas las noches, esta mochila lleva en su interior únicamente una batería como la de tu teléfono, en las noches es verdad que se recarga pero siempre llega solo al 80%, quisa porque no puedes dormir bien puede ser un porque no se recargue completamente, pero te dare un secreto que te asegurara llenarla al 100% y te aseguro que funcionara, es la parte de tu inspiración la que quisa te olvidas de darle tiempo, cada vez que haces lo que te apasiona, te das ese respiro que tanto necesitas para olvidarte del mundo por un momento y solo dedicártelo a ti, de esta manera cuando vuelvas al dia a dia de quizá tu trabajo actual o inclusive si ya emprendiste y tengas que batallar con problemas que siempre abran, tu energía se encontrara al 100% lo que te dara una actitud completamente diferente para enfrentar esos obstáculos y tomes decisiones mas ascertivas con una actitud mas positiva.

Esta mochila que cargas contigo no la descuides que si llega a 0% te asegurará sacarte de la ruta por completo, perderas enfoque, perderas tu norte, y vendrá añadidas probablemente enfermedades potenciales por el estrés con el que cargas detrás de ti.

Este punto es quizá para mi uno de los mas importantes y esenciales en este proceso de convertirte en un emprendedor esa mochila será quien te de la energía necesaria para esta aventura llamada emprendimiento, inclusive esta parte te servirá para tu vida diaria, si trabajas en este momento para

alguien mas, no te olvides de tu mochila.

"Tu mochila es tu energía, dedicale tiempo a recargarla con esos espacios especiales y tuyos, recuerda que la magia esta en disfrutar del proceso"

AUTORREFLEXIÓN Y EL AUTOCUIDADO

Dedica tiempo a reflexionar sobre tus pensamientos y emociones. La meditación y la práctica de mindfulness pueden ayudarte a desarrollar
una mayor conciencia de ti mismo y a reducir el estrés.

La práctica del mindfulness, también conocida como atención plena, se puede aplicar en diversos aspectos de la vida cotidiana para cultivar la conciencia y la conexión con el momento presente. Aquí te presento algunas formas en las que se puede aplicar el mindfulness:

1. **Meditación:** La meditación es una de las formas más comunes y efectivas de practicar mindfulness. Encuentra un lugar tranquilo, siéntate cómodamente, cierra los ojos y enfoca tu atención en la respiración o en algún objeto específico. A medida que los pensamientos surgen, simplemente obsérvalos y deja que pasen sin apegarte a ellos.

2. **Atención a la respiración:** Durante el día, puedes practicar mindfulness prestando atención consciente a tu respiración. Toma unos minutos para centrarte en las

sensaciones de la inhalación y exhalación, sintiendo cómo el aire entra y sale de tus pulmones.

3. **Comer consciente:** Al comer, presta atención plena a

cada bocado. Saborea los sabores, texturas y aromas de los alimentos. Mastica lentamente y toma conciencia de cómo se siente la comida en tu cuerpo mientras la ingieres.

4. **Caminar consciente:** Cuando camines, sé consciente de cada paso que das. Siente la presión de tus pies en el suelo, la sensación del viento en tu piel y la vista de tu entorno. Camina a un ritmo lento y consciente.

5. **Observar los pensamientos y emociones:** Practica la observación imparcial de tus pensamientos y emociones a lo largo del día. Reconoce cada pensamiento o emoción a medida que surgen, sin juzgarlos ni identificarte con ellos. Simplemente déjalos pasar como nubes en el cielo.

6. **Escuchar atentamente:** Cuando estés en una conversación con alguien, escúchale con atención plena. Evita la distracción y mantén el enfoque en lo que la otra persona está diciendo. Esto te ayudará a
comprender mejor a los demás y a mejorar tus habilidades de comunicación.

7. **Practicar yoga o estiramientos conscientes:** Si practicas yoga u otras formas de estiramiento, hazlo con atención plena. Conéctate con las sensaciones de tu cuerpo a medida que te mueves y respira conscientemente durante la práctica.

8. **Tareas diarias con atención plena:** Puedes aplicar mindfulness a cualquier tarea cotidiana, como lavar los

platos, hacer la cama, tomar una ducha o
limpiar. Presta atención a cada movimiento y sensación
mientras realizas la tarea.

Recuerda que la clave del mindfulness es estar
plenamente presente en el momento presente, sin juzgar
ni apegarte a lo que está sucediendo. A través de la
práctica regular, el mindfulness puede ayudarte a reducir
el estrés, mejorar la concentración y cultivar una mayor
conciencia de ti mismo y de tu entorno.

El autocuidado físico es de vital importancia para un
emprendedor, como una dieta equilibrada, ejercicio
regular y descanso adecuado, ya que esto también afecta
tu fortaleza mental de manera positiva o negativa.

RODÉATE DE UN ENTORNO POSITIVO

El entorno en el que te encuentras puede influir en tu
fortaleza mental. Rodéate de personas que te apoyen y te
impulsen hacia adelante. Evita la negatividad y busca
espacios que te inspiren y te llenen de energía positiva.

El entorno positivo es un factor fundamental en el éxito
y el bienestar de un emprendedor. Influye en diversas
áreas clave de la vida del emprendedor y puede marcar la
diferencia entre el éxito y el fracaso de un negocio. Aquí
te presento algunas formas en las que el entorno positivo
puede influir en un emprendedor:

1. **Motivación y Confianza:** Un entorno positivo con personas que apoyan y alientan puede aumentar la motivación del emprendedor. El apoyo emocional y la retroalimentación positiva refuerzan la confianza en las habilidades y decisiones del emprendedor.

2. **Resiliencia:** Enfrentar los desafíos y fracasos del emprendimiento puede ser difícil, pero un entorno positivo proporciona el apoyo necesario para mantener la resiliencia y seguir adelante con determinación.

3. **Ideas y Creatividad:** Un entorno positivo fomenta la creatividad y el intercambio de ideas. Cuando los emprendedores se sienten apoyados y valorados, se sienten más cómodos compartiendo nuevas ideas y perspectivas.

4. **Red de Contactos:** Un entorno positivo puede proporcionar una red de

   contactos valiosa. Conocer a otras personas en la misma industria o con intereses similares puede abrir oportunidades de colaboración, asociaciones y crecimiento profesional.

5. **Acceso a Recursos:** En un entorno positivo, es más probable que los emprendedores tengan acceso a recursos, como mentores, capacitación y financiamiento. Estos recursos pueden ser cruciales para el desarrollo y crecimiento del negocio.

6. **Salud y Bienestar:** Un entorno positivo también puede tener un impacto en la salud y bienestar del emprendedor. El apoyo emocional y una cultura de cuidado pueden reducir el estrés y mejorar la calidad de vida.

7. **Cultura Empresarial:** Un entorno positivo promueve una cultura empresarial saludable, donde se fomenta la colaboración, el respeto y la apertura. Esto crea un ambiente de trabajo más agradable y productivo para todos los involucrados.

8. **Aprendizaje Continuo:** Un entorno positivo impulsa el aprendizaje continuo y el desarrollo personal. Los emprendedores se sienten más motivados para buscar nuevas oportunidades de crecimiento y adquirir nuevas habilidades.

En resumen, el entorno positivo es esencial para el bienestar y el éxito de un emprendedor. Proporciona apoyo emocional, oportunidades de crecimiento y un ambiente propicio para la creatividad y el aprendizaje. Cultivar y mantener un entorno positivo es una tarea importante tanto para los emprendedores individuales como para las empresas en general.

FORTALEZA MENTAL UN HÁBITO_____

PRACTICA LA MENTALIDAD DE CRECIMIENTO

Adopta una mentalidad de crecimiento, donde veas los desafíos como oportunidades para aprender y mejorar. Desafía tus propios límites y mantén
una actitud abierta y positiva hacia el aprendizaje continuo.

1. Establece rutinas saludables

Crea rutinas que promuevan la salud mental y el bienestar. Establecer hábitos de sueño regulares, ejercicio físico, momentos de relajación y momentos de desconexión del trabajo te ayudará a mantener la estabilidad emocional y la claridad mental.

2. Acepta el cambio

Reconoce que todo en la vida es transitorio, incluyendo los desafíos y las dificultades. Aprende a adaptarte a los cambios y a verlos como oportunidades para crecer y evolucionar.

3. Agradece y celebra los logros

Aprecia cada paso que das en tu camino emprendedor. Celebra tus logros, por pequeños que sean, y agradece las lecciones aprendidas en los momentos de dificultad.

La fortaleza mental es una habilidad que se puede cultivar y desarrollar con la práctica y el enfoque adecuados. Al adquirirla, estarás mejor equipado para enfrentar los desafíos del emprendimiento con confianza y determinación. Recuerda que todo en la vida es transitorio, incluyendo los desafíos que puedas encontrar. Mantén una actitud positiva, abierta al aprendizaje y a la adaptación, y estarás en el camino hacia el éxito como emprendedor.

¡Persiste y mantén tu mente fuerte mientras te embarcas en esta apasionante travesía!

EL MIEDO Y LA ACEPTACIÓN DEL FRACASO__

El miedo, esa emoción profunda y paralizante que a menudo nos acecha en las sombras de nuestros sueños más grandes. En el mundo del emprendimiento, este miedo se manifiesta con mayor frecuencia en forma de terror al fracaso. Pero, ¿y si te dijera que el fracaso, en lugar de ser un monstruo a evitar, podría ser tu mejor maestro?

RE-DEFINIENDO EL FRACASO

La sociedad a menudo etiqueta el fracaso como algo negativo, como una señal de insuficiencia. Sin embargo, en el ámbito del emprendimiento, el fracaso es simplemente un resultado, un punto de datos en el camino hacia el éxito. No define quién eres, sino que ilumina áreas de mejora, ofreciéndote lecciones invaluablemente ricas.

Historias de Resiliencia y Resurgimiento

1. **Steve Jobs:** Uno de los visionarios tecnológicos más icónicos de nuestro tiempo, cofundador de Apple, no siempre estuvo en la cima. En 1985, fue efectivamente despedido de su propia empresa debido a desacuerdos internos y luchas de poder. Muchos habrían visto esto como un fracaso insuperable, pero Jobs lo vio como una oportunidad. Durante su tiempo fuera de Apple, fundó NeXT, una empresa de software y hardware, y también

adquirió lo que se convertiría en Pixar Animation Studios. Estas aventuras enriquecieron su visión y habilidades empresariales. Cuando regresó a Apple en 1997, lo hizo con una perspectiva renovada y llevó a la empresa a desarrollar algunos de los productos más innovadores del mundo. Su mentalidad resiliente transformó lo que podría haber sido un punto de terminación en un mero desvío en su viaje emprendedor.

2. **Howard Schultz**: Antes de convertirse en el CEO de Starbucks y transformarla en la gigantesca cadena global de café que es hoy, Schultz enfrentó innumerables rechazos. Cuando intentó recaudar capital para su visión de Starbucks como un "tercer lugar" entre el trabajo y el hogar, fue rechazado por 217 de los 242 inversores a los que se acercó. La

mayoría de las personas habría abandonado después de tantos rechazos, pero Schultz estaba decidido. Creía en su visión y sabía que sólo necesitaba encontrar a las personas adecuadas que compartieran su pasión. Schultz una vez dijo: "No te rindas, y deja que cada rechazo te acerque un paso más a tu victoria". Y vaya victoria que logró.

ESTRATEGIAS PARA ENFRENTAR EL MIEDO AL FRACASO

Tanto Jobs como Schultz enfrentaron adversidades abrumadoras, pero fue su mentalidad indomable la que les permitió superar estos desafíos y seguir adelante. ¿Cómo puedes cultivar una mentalidad similar?

Acepta el Fracaso como Parte del Proceso: Entiende que cada desafío es una oportunidad para aprender. Adopta una mentalidad de crecimiento y permite que cada "fracaso" te enseñe algo nuevo.

Visualiza el Éxito: Enfócate en lo que quieres lograr. Imagina con claridad tu éxito y utiliza esa visión para alimentar tu pasión y motivación.

Rodeate de Personas que Te Apoyen: Un buen sistema de apoyo puede ser la diferencia entre abandonar y seguir adelante. Encuentra mentores, colegas o amigos que crean en ti y en tu visión.

HACIA UNA NUEVA PERSPECTIVA

El fracaso es simplemente un paso en el viaje del emprendimiento, no el destino. Es una pausa, no un punto final. Al redefinir cómo vemos y nos relacionamos con el fracaso, no sólo superamos nuestros miedos, sino que también nos equipamos con las herramientas necesarias para aprender, crecer y, finalmente, triunfar. Porque como dijo Winston Churchill:

"El éxito consiste en ir de fracaso en fracaso sin perder el entusiasmo"

CAPÍTULO 3

FUNDAMENTOS DEL EMPRENDIMIENTO

¿QUÉ ES SER UN EMPRENDEDOR? _____

Para muchos, el término "emprendedor" evoca imágenes de innovadores tecnológicos en garajes, o visionarios dando discursos inspiradores sobre el siguiente gran avance. Pero, más allá de estas representaciones, ¿qué significa realmente ser un emprendedor?

Emprendimiento: A nivel básico, emprender es el acto de crear, desarrollar y gestionar un nuevo proyecto o empresa con el objetivo de obtener ganancias. Pero este simple acto de 'crear un negocio' no captura toda la esencia del término. Ser emprendedor va mucho más allá de la mera transacción comercial. Es una mentalidad, un estilo de vida, una forma única de enfrentar desafíos y oportunidades.

Riesgo y recompensa: uno de los sellos distintivos de ser emprendedor es la disposición a asumir riesgos. Mientras que muchas personas ven un problema o un desafío y se alejan, el emprendedor ve una oportunidad. Asume el riesgo, a menudo sacrificando la estabilidad financiera, el tiempo personal y la comodidad, con la esperanza de una recompensa futura.

¿Alguna vez has visto una oportunidad en un desafío? ¿qué hiciste al respecto?

Innovación y solución: los emprendedores son

solucionadores de problemas. Buscan lagunas en el mercado, necesidades insatisfechas o ineficiencias y buscan formas innovadoras de abordar estos problemas.

¿Has identificado alguna vez un problema que creías que podías resolver?

Ejemplo: Richard Branson. Puede que lo conozcas como el excéntrico
multimillonario detrás de la marca Virgin, pero branson comenzó con un simple boletín para estudiantes cuando era un adolescente. Desde ese humilde comienzo, identificó oportunidades en industrias tan diversas como la música, las aerolíneas, las telecomunicaciones y, más recientemente, el turismo espacial. Branson enfrentó rechazos, fracasos y enormes riesgos financieros. Pero a través de todo esto, su pasión, curiosidad y deseo de desafiar el status quo lo empujaron hacia adelante.

¿Puedes pensar en algún momento en tu vida en el que hayas desafiado el status quo?

El viaje personal: más allá de los negocios y las ganancias, ser emprendedor también se trata de crecimiento personal. Los emprendedores aprenden más sobre sí mismos en el proceso de construir algo desde cero. Descubren sus pasiones, enfrentan sus miedos y aprenden a perseverar a través de la adversidad.

¿Hay algo que te apasione lo suficiente como para enfrentar tus miedos y perseguirlo a pesar de los desafíos?

Ser un emprendedor no es solo una profesión o un título, es una forma de vida. Se trata de ver el mundo no como es, sino como podría ser. Se trata de tomar la iniciativa, asumir riesgos y, sobre todo, de creer en uno mismo y en las posibilidades infinitas que el futuro puede ofrecer.

CARACTERÍSTICAS Y HABILIDADES CLAVE DEL EMPRENDEDOR_____

Los emprendedores, aunque diferentes en sus estilos, industrias y enfoques, a menudo comparten un conjunto común de características y habilidades que los impulsan hacia el éxito. Estas cualidades no sólo definen quiénes son, sino que también proporcionan el combustible esencial para navegar por el turbulento mar del emprendimiento.

1. Pasión

La pasión es el motor que impulsa a todo emprendedor. Es esa chispa interna, ese ardiente deseo de hacer un cambio o crear algo nuevo que realmente marca la diferencia.

Reflexiona: ¿Hay algo por lo que sientas una pasión ardiente? Escribe en el espacio de abajo lo que te apasiona y cómo podrías convertir esa pasión en una empresa.

_____

_____

_____

_____

_____

2. Resiliencia

Los reveses son una parte inevitable del viaje emprendedor. La resiliencia, la capacidad de recuperarse rápidamente de las dificultades, es esencial.

Piensa en un momento en que hayas enfrentado un desafío o fracaso. ¿Cómo te recuperaste? Escribe tus reflexiones abajo.

_____

_____

_____

_____

_____

3. Adaptabilidad

El mundo de los negocios cambia rápidamente. Los emprendedores

exitosos son aquellos que pueden adaptarse a nuevos entornos, tecnologías o tendencias.

¿Recuerdas algún momento en que hayas tenido que adaptarte a una situación inesperada? ¿cómo lo manejaste? Anota tu experiencia a continuación.

_____

_____

_____

_____

_____

_____

4. Visión

Los emprendedores no solo ven el mundo como es, sino cómo podría ser. Esta visión les ayuda a trazar un camino y seguirlo, incluso cuando otros no pueden verlo.

¿Tienes una visión o un sueño que quieras alcanzar? Describe tu visión en el espacio de abajo.

_____

_____

_____

_____

_____

5. Toma de decisiones

Decidir rápidamente y con confianza es crucial en el mundo empresarial. Esto no significa actuar impulsivamente, sino evaluar los datos y confiar en tus instintos.

Piensa en una decisión reciente que hayas tomado y cómo afectó el resultado. Registra tus pensamientos aquí.

_____

_____

_____

_____

_____

_____

6. Habilidades de comunicación

Comunicar tus ideas claramente, ya sea a inversionistas, empleados o clientes, es esencial para cualquier emprendedor.

Escribe a continuación una idea o concepto que desees comunicar a otros y practica cómo presentarla.

_____

_____

_____

_____

_____

_____

_____

_____

_____

_____

7. Aprendizaje constante

El mundo evoluciona constantemente, y los emprendedores deben mantenerse al día. Esto implica un compromiso con el aprendizaje y la auto-mejora.

Haz una lista de las áreas en las que sientes que podrías mejorar o aprender más. Después, considera cómo podrías abordar cada uno.

_____

_____

_____

_____

_____

_____

_____

_____

_____

Las características y habilidades de un emprendedor no son inherentemente innatas; pueden ser desarrolladas y cultivadas con el tiempo. Está en tus manos decidir si quieres desarrollar estas habilidades y forjar tu camino en el mundo del emprendimiento. Usa este libro como herramienta en ese viaje, permitiéndote reflexionar, crecer y, eventualmente, prosperar.

LA MENTALIDAD EMPRENDEDORA _____

La travesía del emprendimiento es fascinante, repleta de altos y bajos, triunfos y fracasos, y momentos de duda y revelación. Sin embargo, más allá de la idea de negocio, del plan o de la inversión inicial, hay un factor esencial que determina el curso de esta travesía: la mentalidad del emprendedor.

Al adentrarnos en el corazón del emprendedor, descubrimos que no es sólo su capacidad para identificar oportunidades o gestionar un negocio lo que lo define, sino su forma única de percibir el mundo, de enfrentar desafíos y de persistir cuando otros abandonan. Es un compendio de actitudes, creencias y habilidades que forman una mentalidad resiliente y visionaria.

En este capítulo, nos sumergiremos en el núcleo de esta mentalidad, explorando las características fundamentales que distinguen a los emprendedores de otros. Desentrañaremos lo que realmente significa tener una mentalidad emprendedora y cómo cada uno de nosotros puede cultivarla y nutrirla para transformar no sólo nuestros negocios, sino nuestras vidas.

Porque el emprendimiento no se trata sólo de lanzar un producto o crear una empresa. Se trata de un viaje personal, de autodescubrimiento y de autotransformación. Y en el centro de este viaje se encuentra la mentalidad emprendedora, el faro que guía y alumbra el camino.

El emprendimiento no es sólo una serie de acciones; es, ante todo, una mentalidad. Esta mentalidad determina cómo un individuo se aproxima a los problemas, se adapta a los cambios y busca oportunidades en medio de los desafíos. Es el fundamento sobre el cual se construye cualquier esfuerzo empresarial exitoso.

1. El poder de la perspectiva

La mentalidad emprendedora comienza con la perspectiva. Mientras que la mayoría ve un obstáculo, el emprendedor ve una oportunidad. Esta no es una habilidad innata, sino una perspectiva cultivada que ve el valor potencial en lugar de la barrera inmediata.

2. Aprender del fracaso

El miedo al fracaso paraliza a muchos. Pero para el emprendedor, el fracaso es una lección valiosa. En lugar de evitar el fracaso, la mentalidad emprendedora lo abraza como una oportunidad de aprendizaje, de refinamiento y, finalmente, de crecimiento.

3. Autodisciplina

La mentalidad emprendedora requiere una fuerte autodisciplina. Sin un jefe que supervise cada movimiento, el emprendedor debe ser su propio motivador, crítico y defensor. La autodisciplina es esencial para mantenerse enfocado y perseguir objetivos a pesar de las distracciones o desafíos.

4. Mentalidad de crecimiento

Una mentalidad fija asume que nuestras habilidades y capacidades son estáticas. Pero la mentalidad emprendedora adopta una mentalidad de crecimiento, creyendo que las habilidades pueden ser desarrolladas y que el potencial puede ser expandido con esfuerzo y dedicación.

5. Resiliencia

Como se mencionó anteriormente, la capacidad de recuperarse de los golpes y seguir adelante es fundamental. La resiliencia no es sólo la capacidad de soportar, sino de evolucionar y crecer a través de la adversidad.

6. Toma de riesgos calculados

La mentalidad emprendedora entiende que el riesgo es una parte inherente de la creación. Sin embargo, estos riesgos no son impulsivos; son calculados, analizados y tomados con una comprensión clara de las recompensas potenciales y las consecuencias.

7. Curiosidad inquebrantable

La incesante curiosidad es el alma de la mentalidad emprendedora. Es esta curiosidad la que impulsa al emprendedor a preguntar "¿Por qué?" y "¿Qué pasa si?", llevándolo por caminos menos transitados en busca de soluciones innovadoras.

8. Visionario

Donde otros ven el presente, el emprendedor ve el futuro. Esta visión del futuro guía todas sus acciones y decisiones, llevándolos hacia el logro de esa visión.

9. Red de apoyo

Aunque el emprendimiento a menudo puede sentirse solitario, la mentalidad emprendedora entiende el valor de una red. Ya sea para consejos, mentoría o simplemente un oído atento, tener una red de apoyo sólida es crucial.

10. Confianza, pero no arrogancia

La confianza es esencial para el emprendedor. Deben

creer en sí mismos, en su visión y en su capacidad para llevarla a cabo. Sin embargo, esta confianza no se cruza con la arrogancia. La mentalidad emprendedora está abierta a retroalimentación y dispuesta a adaptarse según sea necesario.

La mentalidad emprendedora es un enfoque único para la vida y los negocios. Se centra en la oportunidad, se adapta a la adversidad y busca constantemente crecer y aprender. Aquellos que adoptan esta mentalidad no sólo se encuentran mejor posicionados para el éxito en sus empresas, sino que también se enfrentan a la vida con una resiliencia, determinación y curiosidad que les beneficia en todos los aspectos.

¿En qué aspectos de la mentalidad emprendedora te ves más fuerte y en cuáles sientes que podrías mejorar?

_____

_____

_____

_____

Recuerda una situación en la que hayas aplicado la mentalidad emprendedora en tu vida cotidiana, aunque no estuviera relacionada con los negocios.

_____

_____

_____

_____

_____

¿Cómo planeas cultivar y fortalecer tu mentalidad emprendedora en el próximo año?

A continuación, escribe acciones concretas que te harán fortalecer tu chip, como por ejemplo (escuchar diariamente podcast, o ver video en YouTube de áreas relacionadas con el emprendimiento)

_____

_____

_____

_____

_____

_____

_____

CAPÍTULO 4

IDEA = POLVORA

TÉCNICAS PARA GENERAR IDEAS DE NEGOCIO_____

Generar ideas innovadoras y viables es una habilidad esencial para cualquier emprendedor. Pero, ¿cómo surgen estas ideas? ¿Nacen de la inspiración divina o pueden cultivarse mediante técnicas y métodos específicos? Aquí exploramos algunas técnicas ampliamente utilizadas para generar ideas de negocio, acompañadas de ejemplos notables de emprendedores que las han implementado con éxito.

1. Observación del entorno

Esta técnica implica estudiar el entorno y detectar carencias, problemas o ineficiencias que puedan ser abordadas con una solución novedosa.

Ejemplo: Howard Schultz, el hombre detrás de Starbucks, se inspiró en los cafés espressos que vio en Milán. Observó que estos lugares no solo vendían café, sino que eran puntos de encuentro. Schultz llevó este concepto a EE. UU, adaptándolo a la cultura local, y creó una marca global.

2. Escucha activa

Presta atención a las quejas, necesidades y deseos de las personas a tu alrededor. Escuchar puede revelar oportunidades de negocio insospechadas.

Ejemplo: Reed Hastings, fundador de Netflix, concibió la idea después de recibir una multa por devolver tarde una película alquilada. Identificó una frustración común y creó un modelo de suscripción sin cargos por demora.

3. Técnica del "Brainstorming" o lluvia de ideas

Reunir a un grupo de personas y alentarlas a expresar libremente todas las ideas que se les ocurran, sin juzgarlas inicialmente. Posteriormente, se filtran y refinan las ideas.

Ejemplo: La empresa 3M utiliza regularmente sesiones de brainstorming. De una de ellas surgió la idea de las Notas Post-it.

4. Adopción y adaptación

Toma un concepto existente y ajústalo para un nuevo mercado o dale un giro único.

Ejemplo: Ritesh Agarwal fundó OYO Rooms en la India, adaptando el modelo de cadenas hoteleras y plataformas de reservas en línea para el mercado indio, centrándose en la estandarización de hoteles económicos.

5. Técnica SCAMPER

Es un acrónimo de Sustituir, Combinar, Adaptar, Modificar, Proponer otros usos, Eliminar, Reorganizar. Estas acciones pueden aplicarse a cualquier producto o servicio existente para generar nuevas ideas.

Ejemplo: Jeff Bezos aplicó la técnica "Proponer otros usos" cuando decidió que Amazon, inicialmente una librería en línea, comenzara a vender también otros productos, convirtiéndolo en el gigante del comercio electrónico que es hoy.

6. La técnica de la inversión

Piensa en cómo se hace normalmente algo y luego invierte el proceso o el resultado.

Ejemplo: Uber y Airbnb utilizan esta técnica. En lugar de tener taxis o hoteles propios, permitieron que cualquier persona ofreciera estos servicios, invirtiendo el modelo tradicional.

7. Análisis de tendencias

Estudia las tendencias actuales y futuras para identificar oportunidades emergentes.

Ejemplo: Elon Musk identificó la tendencia hacia la sostenibilidad y lanzó Tesla, que produce coches eléctricos, y SolarCity, enfocada en soluciones de energía solar.

8. Encuentros y colisiones aleatorias

A veces, ponerse en situaciones fuera de lo común o interactuar con personas de diferentes campos puede llevar a ideas novedosas.

Ejemplo: Steve Jobs tomó una clase de caligrafía que, según él, influenció el diseño de las tipografías y espaciado en la computadora Apple Macintosh.

Al final del día, la generación de ideas se trata de conectar puntos, ya sea entre problemas y soluciones, tendencias y oportunidades, o conocimientos de diferentes campos. Con las técnicas adecuadas y una mente abierta, cualquier emprendedor puede descubrir la próxima gran idea de negocio. La clave está en observar, escuchar, experimentar y, sobre todo, **ACTUAR**.

HERRAMIENTAS Y MÉTODOS PARA VALIDAR ESAS IDEAS_____

Desarrollar una idea de negocio puede ser emocionante, pero sin la debida validación, los emprendedores pueden encontrarse persiguiendo visiones sin demanda real en el mercado. La validación es un proceso esencial que ayuda a determinar si una idea tiene potencial comercial. Aquí, exploraremos algunas herramientas y métodos clave que los emprendedores pueden utilizar para validar sus ideas.

1. Entrevistas a potenciales clientes

Antes de lanzar una idea, es vital hablar con aquellos que serán tus futuros clientes. Entender sus necesidades, preferencias y posibles objeciones te brindará una valiosa perspectiva.

Ejemplo: Eric Ries, autor de "The Lean Startup", habla sobre cómo las startups deben salir y hablar con sus clientes potenciales para validar sus suposiciones.

2. Encuestas y cuestionarios

Herramientas como SurveyMonkey o Google Forms pueden ayudar a recopilar información cuantitativa y cualitativa sobre tu idea. Las encuestas pueden dirigirse a una audiencia específica para recabar opiniones.

3. Producto Mínimo Viable (MVP)

Lanzar una versión simplificada de tu idea te permite probarla en condiciones reales sin invertir demasiado tiempo o recursos.

Ejemplo: Dropbox comenzó con un simple video demostrativo que explicaba cómo funcionaría el producto. Antes de desarrollar completamente la herramienta, querían ver si había interés en el mercado. El resultado fue un masivo interés que validó su idea.

4. Crowdfunding

Plataformas como Kickstarter o Indiegogo permiten presentar un producto o idea al público. Si las personas están dispuestas a invertir dinero en él, es una fuerte señal de validación.

Ejemplo: Pebble, un reloj inteligente, recaudó más de $10 millones en Kickstarter, demostrando un interés real en su producto antes de su fabricación.

5. Pruebas A/B

Estas pruebas implican ofrecer dos versiones de un producto o servicio y ver cuál es mejor recibido. Herramientas como Optimizely pueden ayudar en este proceso.

6. Herramientas de análisis web

Google Analytics y otras herramientas similares pueden proporcionar datos sobre cómo los usuarios interactúan con un sitio web o aplicación, ofreciendo insights sobre qué aspectos son más atractivos o dónde pueden estar los obstáculos.

7. Estudios de competencia

Estudiar a competidores similares o relacionados puede ofrecer una comprensión de lo que funciona y lo que no en el mercado actual.

8. Ferias y exposiciones

Presentar tu idea en una feria comercial o exposición puede ser una forma efectiva de obtener retroalimentación directa y ver cómo reacciona el público.

Ejemplo: Muchos inventores y startups tecnológicas han utilizado eventos como el Consumer Electronics Show (CES) para validar y generar interés en sus productos.

9. Grupos focales

Reunir a un pequeño grupo de personas para discutir y probar tu idea puede ofrecer insights cualitativos profundos.

10. Redes sociales y publicidad pagada

Usar plataformas como Facebook, Instagram, o LinkedIn para publicar sobre tu idea o hacer campañas publicitarias específicas puede ayudarte a medir el interés y la respuesta del público.

La validación es un paso ineludible en el viaje emprendedor.

Si bien no garantiza el éxito, minimiza el riesgo de invertir tiempo y recursos en una idea que no tenga aceptación en el mercado.

Como dijo Thomas Edison:

"El valor de una idea radica en el uso de la misma"

Validar adecuadamente es asegurarse de que esa idea realmente tenga un lugar en el mundo.

Me gustaría compartir contigo una historia de un emprendedor llamado Santiago, que en este punto había pasado por varios elementos y situaciones que lleva consigo el ser un emprendedor en acción, pero que con enfoque, dedicación, fortaleza mental y
pasión todo sueño es relamente posible.

El Viaje de Santiago: De una Idea a la Realidad en el Mundo Digital

Santiago era un joven entusiasta apasionado por la música. Desde temprana edad, tocaba la guitarra y soñaba con compartir su amor por la música con el mundo. Pero a medida que creció, comprendió que el mundo de la música ya estaba saturado. ¿Cómo podría marcar una diferencia?

Una tarde, mientras navegaba por las redes sociales y observaba a músicos independientes luchar por ganar visibilidad en plataformas como YouTube o Spotify, una idea se formó en su mente: ¿Qué pasaría si hubiera una plataforma dedicada únicamente a músicos emergentes? Una plataforma que no solo ayudara a los artistas a compartir su música, sino que también proporcionara herramientas para ayudarles a crecer y aprender.

Impulsado por esta visión, Santiago decidió embarcarse en la aventura del emprendimiento. Pero no tenía experiencia en negocios ni en tecnología. Lo que sí tenía era pasión y determinación.

Lo primero que hizo fue usar las redes sociales para validar su idea. Creó encuestas, publicó preguntas y trató de comprender las necesidades de su público objetivo. La respuesta fue abrumadora: había una clara necesidad de una plataforma de este tipo.

Pero la montaña rusa del emprendimiento solo estaba comenzando. Santiago tuvo que aprender sobre desarrollo web, estrategias de marketing y gestión empresarial. Hubo días de dudas intensas y noches de euforia por pequeños logros. Pero cada caída era una lección y cada logro un paso más cerca de su
sueño.

Mientras buscaba inversores, Santiago enfrentó rechazos y críticas. Algunos lo llamaron "ingenuo", otros decían que su idea "nunca funcionaría". Pero Santiago recordaba una frase que había leído de Richard Branson: "Si tu idea es lo suficientemente innovadora, es probable que la mayoría de la gente te diga que estás loco". En lugar de desanimarse, utilizó estas críticas como motivación.

Finalmente, después de meses de trabajo y perseverancia, "EmergeSound" nació. En su primer año, la plataforma atrajo a miles de artistas emergentes, algunos de los cuales obtuvieron contratos discográficos y ganaron reconocimientos importantes.

El viaje de Santiago no fue fácil, pero él había aprendido a disfrutar de cada giro, caída y ascenso en la montaña rusa del emprendimiento. Su historia no
solo demuestra el poder de la determinación y la pasión, sino también la importancia de la validación y adaptación en el camino.

Años más tarde, al mirar hacia atrás, Santiago recordaría con cariño las dificultades y desafíos, reconociendo que cada uno de ellos había moldeado "EmergeSound" en lo que se había convertido: una plataforma que había cambiado la vida de innumerables artistas y que había llevado su amor por la música a millones.

CÓMO DESCUBRIR LAS NECESIDADES DEL MERCADO_____

El mercado es una entidad dinámica y cambiante, un mar vasto de posibilidades. Y en este océano de oportunidades, identificar una necesidad específica es crucial para el éxito de cualquier emprendedor. La diferencia entre una idea brillante y un negocio próspero, a menudo, radica en cómo esa idea satisface una demanda real.

Así que, ¿cómo puedes descubrir esas necesidades esenciales del mercado? Aquí te brindo una guía detallada para ayudarte a pasar de la idea a la acción.

1. Escucha activamente

Herramienta: Plataformas de medios sociales como Twitter, LinkedIn y Facebook.

La conversación ya está ocurriendo. Las redes sociales son el barómetro moderno de las necesidades y deseos del consumidor. Monitorea tendencias, escucha lo que dice la gente y presta atención a las quejas recurrentes o deseos no satisfechos.

Imagina ser el primero en resolver un problema que miles expresan diariamente. El simple acto de escuchar puede darte una ventaja competitiva inmensa.

2. Investigación de mercado

Herramienta: Google Trends, encuestas en línea (SurveyMonkey, Google Forms), y estudios de mercado especializados.

Antes de zambullirte, evalúa el agua. Conoce la industria, el tamaño del mercado, la competencia y, más importante aún, tu público objetivo. ¿Qué sienten? ¿Qué necesitan?

La información es poder. Cada dato que recojas es un paso más cerca de entender el rompecabezas del mercado y cómo encajas en él.

3. Prueba y error

Herramienta: Producto Mínimo Viable (MVP).

No todo será perfecto desde el principio. Crea un MVP para probar tu idea a una escala menor y recopilar feedback. Ajusta según sea necesario.

Cada error es una lección. Thomas Edison dijo una vez:

"No he fallado. He encontrado 10,000 maneras que no funcionan"

Cuando encuentres el camino correcto, la satisfacción

será incomparable.

4. Conversaciones cara a cara

Herramienta: Entrevistas, grupos focales.

Conversa directamente con tu público objetivo. Comprende sus dolorosos puntos y descubre cómo tu idea puede aliviarlos.

Las conexiones humanas te ofrecen una comprensión profunda. Escuchar directamente las historias y desafíos de alguien puede encender esa chispa de innovación.

5. Análisis competitivo

Herramienta: FODA (Fortalezas, Debilidades, Oportunidades, Amenazas), Estudia a tus competidores. ¿Qué están haciendo bien? ¿Dónde están fallando? Hay oportunidades en cada esquina, incluso en áreas saturadas.

No estás reinventando la rueda, estás mejorándola. Tomar lo que ya existe y llevarlo al siguiente nivel puede ser la clave para tu éxito.

6. Mantente informado

Herramienta: Revistas de la industria, blogs, seminarios web, cursos.

El mundo cambia rápidamente. Dedica tiempo a educarte, a aprender sobre las tendencias emergentes y a anticipar las necesidades futuras del mercado.

Ser un visionario es emocionante. Imagina no solo satisfacer las necesidades actuales, sino también las del futuro.

¡Actúa ahora! No esperes a tenerlo todo "perfecto". Con cada paso, con cada herramienta y técnica aplicada, estás construyendo el puente hacia un negocio exitoso. Y recuerda, el mercado te está esperando, pero no esperará para siempre. Es tu momento. ¡Haz que cuente!

El verdadero emprendedor entiende que descubrir las necesidades del mercado es un viaje. Y como cualquier viaje, viene con sus desafíos y recompensas. Pero armado con las herramientas correctas, con la mentalidad adecuada y, sobre todo, con una pasión inquebrantable, puedes transformar esa idea brillante en una realidad tangible que cambie el mundo. ¡Adelante, emprendedor en accion! El mercado te aguarda, haz que tu idea y tu potencial comience a brillar.

OCEANOS ROJO Y OCEANOS AZULES_____

La estrategia del Océano Azul es un concepto introducido por W. Chan Kim y Renée Mauborgne en su libro "La Estrategia del Océano Azul". Esta teoría sugiere que las empresas pueden tener éxito no compitiendo en espacios de mercado superpoblados (Océanos Rojos), sino creando nuevos espacios, o "Océanos Azules", vírgenes en términos de competencia.

Océanos Rojos:

Representan todas las industrias existentes hoy en día. Aquí las reglas del juego son conocidas y aceptadas por todos. A medida que compiten en este espacio, las aguas se vuelven rojas debido a la sangre que derraman por la feroz competencia.

Océanos Azules:

Representan todas las industrias que no existen. Es un espacio desconocido para la competencia. En los océanos azules, la competencia es irrelevante porque las reglas del juego aún no están establecidas.

Aquí hay tres ejemplos de mercados que han cultivado océanos azules y ahora te los mostrare:

1. **Cirque du Soleil:** En lugar de competir con los circos tradicionales por las mismas audiencias, el Cirque du Soleil reinventó el concepto de circo, eliminando elementos caros

y a menudo controversiales (como los animales) y añadiendo el arte y la narrativa sofisticada. No compiten con otros circos, sino que crearon un nuevo espacio de entretenimiento.

2. **Nintendo Wii:** En lugar de competir en términos de gráficos y potencia de procesamiento como Sony y Microsoft, Nintendo decidió dirigirse a un público más amplio: familias, ancianos, y no jugadores con una consola amigable y juegos que promueven la actividad física y la interacción social.

3. **Dyson:** En vez de crear aspiradoras tradicionales, James Dyson desarrolló una aspiradora sin bolsa, que no pierde succión a medida que se llena. En vez de competir en términos de precio o potencia de succión directamente con competidores tradicionales, Dyson cambió el juego al abordar una frustración común del consumidor con un diseño innovador.

Incorporando la estrategia del Océano Azul, las empresas pueden encontrar nuevas oportunidades de mercado, innovar y entregar valor de maneras que otros no han considerado, liberándose de la limitada competencia y explorando nuevas fronteras.

CAPÍTULO 5

INTELIGENCIA ARTIFICIAL

Desde las primeras historias de robots y máquinas pensantes que leí en mi niñez, hasta los actuales titulares sobre aprendizaje automático y redes neuronales, siempre he estado fascinado por el potencial y las promesas de la Inteligencia Artificial (IA). Esta curiosidad no solo radica en cómo las máquinas pueden imitar o superar las capacidades humanas, sino en cómo la IA puede ser una herramienta para amplificar nuestra innata creatividad, resiliencia y ambición.

Al adentrarnos en este capítulo, no solo exploraremos el vasto universo de la IA desde un enfoque técnico o empresarial; buscaremos entenderla desde una perspectiva humana. Porque, al final del día, detrás de cada línea de código, de cada algoritmo, hay una historia humana, una pasión, un deseo de empujar los límites de lo que conocemos y de lo que podemos lograr.

La IA no es solo el futuro; es un reflejo de quienes somos y de lo que aspiramos a ser. Es un espejo que refleja nuestras más grandes ambiciones y, al mismo tiempo, nos plantea los retos más profundos sobre ética, responsabilidad y humanidad. Con cada avance en IA, no solo transformamos la tecnología, sino que nos redefinimos a nosotros mismos y al mundo en el que vivimos.

Así que, querido lector, mientras te sumerges en las próximas páginas, te invito a que no solo absorbas los datos y ejemplos, sino que reflexiones sobre tu papel en esta era de la IA. Porque, en este viaje de descubrimiento, no solo estás aprendiendo sobre máquinas inteligentes, sino también sobre ti mismo y sobre el increíble potencial que todos llevamos dentro.

Que continue la aventura...

INTELIGENCIA ARTIFICIAL: LA OPORTUNIDAD OCULTA EN LA HISTORIA MODERNA

La Inteligencia Artificial (IA) ha sido objeto de fascinación y estudio durante décadas, convirtiéndose en el epicentro de una revolución tecnológica sin precedentes. Es una herramienta que promete no sólo cambiar nuestra forma de trabajar, sino también nuestra forma de entender y percibir el mundo.

LA EVOLUCIÓN DE LA IA: UNA BREVE HISTORIA

Todo comenzó en los años 50, cuando Alan Turing, un matemático británico, se preguntó: "¿Pueden las máquinas pensar?". Este cuestionamiento sentó las bases para el desarrollo de la primera máquina que imitaba ciertos aspectos de la inteligencia humana. No obstante, fue en la conferencia de Dartmouth en 1956 donde el término "Inteligencia Artificial" se acuñó oficialmente. Desde entonces, la IA ha atravesado diferentes fases, desde inviernos (periodos de escepticismo y desfinanciamiento) hasta resurgimientos, impulsados por avances tecnológicos y algoritmos más sofisticados.

¿QUÉ ES LA INTELIGENCIA ARTIFICIAL?

En esencia, la IA es la simulación de procesos de inteligencia humana por parte de máquinas, especialmente sistemas informáticos. Estos procesos incluyen el aprendizaje, el razonamiento y la autocorrección. Sin embargo, no es meramente un conjunto de códigos. La IA es una combinación de algoritmos, datos y computación de alto rendimiento que, cuando se ensamblan de la manera adecuada, pueden resolver problemas y tomar decisiones de manera autónoma.

LA IA Y LOS NEGOCIOS: UNA ALIANZA TRANSFORMADORA

La IA está redefiniendo los negocios en múltiples dimensiones:

Eficiencia Operativa: Las máquinas pueden procesar y analizar grandes conjuntos de datos más rápidamente que los humanos,
identificando patrones y tendencias.

Mejora en la Toma de Decisiones: Con el análisis predictivo, las empresas pueden anticiparse a las tendencias del mercado y adaptarse con rapidez.

Personalización del Cliente: La IA permite segmentar y entender mejor al cliente, creando experiencias personalizadas que aumentan la lealtad y la retención.

EMPRENDEDORES Y LA IA: SACANDO PROVECHO DEL FUTURO

Para un emprendedor, la IA es un océano de oportunidades:

Validación de Ideas: Mediante el análisis de datos, un emprendedor puede validar la viabilidad de un producto o servicio antes de lanzarlo al mercado.

Automatización: Las tareas repetitivas y administrativas pueden ser automatizadas, liberando tiempo para centrarse en la estrategia y la innovación.

Competitividad: En un mercado saturado, la IA puede ser el diferenciador, proporcionando soluciones más rápidas, eficientes y personalizadas.

HERRAMIENTAS DE IA PARA EMPRENDEDORES

En el vasto océano del emprendimiento, los navegantes audaces buscan constantemente las herramientas más avanzadas para impulsar sus navíos hacia horizontes desconocidos. Hoy, una de esas herramientas revolucionarias que destaca por su poder y versatilidad es la Inteligencia Artificial (IA). Pero, ¿qué hace que la IA sea tan especial para el emprendedor moderno?

La IA no es solo un conjunto de algoritmos complejos o máquinas que procesan datos a velocidades inimaginables; es una aliada, una extensión de la visión del emprendedor. Con la IA, es posible anticipar tendencias, optimizar recursos, personalizar experiencias y, sobre todo, transformar ideas innovadoras en soluciones tangibles que marcan la diferencia en el mercado.

Esta sección está diseñada para ser tu brújula en este viaje de exploración de las herramientas de IA disponibles para emprendedores. Aquí, no solo descubrirás las tecnologías de vanguardia, sino también cómo otros emprendedores, al igual que tú, han utilizado la IA para superar obstáculos, identificar oportunidades y construir empresas más resilientes y adaptativas.

Así que, ya seas un aficionado a la tecnología, un experto en el área, o simplemente alguien con una idea brillante y una pasión ardiente, te invito a sumergirte en este fascinante mundo de posibilidades. Porque en la era de la IA, el único límite para un emprendedor es la amplitud de su imaginación. Adelante, el futuro te espera.

1. **TensorFlow:** Una plataforma de código abierto para el aprendizaje automático, ideal para construir y entrenar

modelos de IA.

2. **Google Cloud AI:** Ofrece una variedad de herramientas, desde el procesamiento del lenguaje natural hasta la visión por computadora.

3. **Azure Machine Learning:** Una solución de Microsoft que facilita la construcción, entrenamiento y despliegue de modelos de IA.

4. **Chatbots:** Plataformas como Dialogflow permiten a los emprendedores crear bots personalizados para mejorar la interacción con el cliente.

5. **IBM Watson:** Con sus múltiples aplicaciones, desde análisis de datos hasta soluciones específicas de industria, Watson es una herramienta potente.

Concluir que comprendemos plenamente la IA sería prematuro. Sin embargo, lo que sí es innegable es su potencial para transformar. Para
emprendedores visionarios, la IA no es una mera herramienta, es una ventana al futuro, una oportunidad de moldear el mundo con soluciones innovadoras.

En manos adecuadas, la IA es la clave para un mundo más inteligente, eficiente y conectado.

EJEMPLOS DE USO DE IA EN

EMPRENDIMIENTOS

DeepMind y el Juego del Go:

DeepMind, una startup adquirida por Google, desarrolló AlphaGo, una

IA diseñada para jugar al Go, un juego milenario que es considerado mucho más complejo que el ajedrez. Usando aprendizaje profundo y redes neuronales, AlphaGo no solo aprendió estrategias existentes, sino que creó sus propias tácticas, superando a los campeones mundiales del juego.

Impacto en el Emprendimiento: La tecnología desarrollada por DeepMind ha sido adaptada para resolver problemas complejos en campos como la medicina, la energía y el medio ambiente, demostrando el potencial disruptivo de la IA.

Stitch Fix y la Moda Personalizada:

Stitch Fix es una empresa de moda que utiliza la IA para personalizar la experiencia de compra. Los clientes reciben prendas seleccionadas específicamente para ellos basándose en sus preferencias, historial de compras y tendencias de moda. La IA analiza miles de factores para determinar las elecciones ideales.

Esta innovadora mezcla de moda y tecnología ha llevado a Stitch Fix a ser una de las empresas líderes en su sector, cambiando la forma en que las personas compran ropa y cómo las marcas interactúan con sus clientes.

Zebra Medical Vision y el Diagnóstico Médico:

Zebra Medical Vision es una startup que utiliza IA para leer e interpretar escaneos médicos. Su algoritmo puede detectar enfermedades como el cáncer en sus etapas iniciales con una precisión asombrosa, ofreciendo un recurso invaluable para los profesionales de la salud.

Impacto en el Emprendimiento: Al proveer diagnósticos tempranos y precisos, Zebra Medical Vision no solo salva vidas, sino que también reduce costos en el sector médico y eleva el estándar de la atención sanitaria.

Chatbots y la Atención al Cliente:

Muchos emprendedores, especialmente en el e-commerce, han implementado chatbots basados en IA para interactuar con clientes. Estos bots pueden resolver dudas, procesar devoluciones o sugerir productos, operando las 24 horas del día.

La adopción de chatbots permite a las startups ofrecer un servicio al cliente de alta calidad a un costo menor, además de recopilar datos valiosos sobre las interacciones con el cliente para mejorar aún más la experiencia.

Estos ejemplos demuestran el alcance y la versatilidad de la IA en el mundo del emprendimiento. Ya sea en juegos, moda, salud o servicios, la IA se ha convertido en una herramienta esencial para innovar y destacar en el mercado competitivo actual.

Estas herramientas son indispensables hoy en la actualidad para emprender, ya que obtendrás mayores resultados apalancado de la IA.

"Una máquina puede merecer ser llamada inteligente si realiza actividades que, si fueran hechas por un humano, diríamos que ese humano está pensando."

- *Alan Turin.*

APLICACIONES DE INTELIGENCIA ARTIFICIAL

La inteligencia artificial (IA) ha transformado nuestra interacción con la tecnología, revolucionando sectores y simplificando tareas diarias. Aunque la IA se ha infiltrado en muchos aspectos de nuestra vida, como Siri, Alexa, inclusive Facebook e Instagram, hay ciertas aplicaciones que destacan por su popularidad e impacto.

En esta sección, te presentaré el "Top 10" de las aplicaciones de IA más utilizadas en la actualidad. Estas herramientas no solo demuestran la innovación y potencial de la IA, sino que también reflejan su influencia creciente en el mundo moderno.

1. Jasper:

Automatiza tu estrategia de marketing de contenidos. Antes conocido como Conversion.ai, Japer es una herramienta que usa Chat GPT3 y Chat GPT4 desarrollado por Open Ai para crear contenido como texto publicitario, emails, landing pages, blog, publicación en rede sociales, títulos y subtítulos de tus cursos online, descripciones de productos y ¡muchas otras cosas más!

2. GrowthBarSeo:

Es una herramienta de SEO impulsada por Inteligencia Artificial (Chat GPT·) con una serie de funciones muy potentes que ayudan a sus usuarios a optimizar sus páginas web sugiriendo palabras clave, proporcionando backlinks, esquemas de contenidos, etc. Por ejemplo, en el caso de creadores de cursos online, optimizar para los buscadores la web de tu Academia Online y cada una de las landing page de tus cursos virtuales. Además, tienes una extensión de Chrome para usarla.

3. Brand24:

Analiza competidores, obtén acceso instantáneo a las menciones que hacen de ti y de tu marca en las redes sociales, noticia, blog, foro, vídeos, podcasts, reseñas. Con el componente de inteligencia artificial que usa, tendrás todo controlado con analíticas potentes y detección en más de 100 idiomas, por lo que podrá proteger tu reputación en todo momento.

4. ManyChat:

Es un chatbot de inteligencia artificial que te permite automatizar las conversaciones con tus clientes y contesta de manera inmediata los mensajes directos de Instagram, Facebook Messenger, Whastapp y SMS para conseguir más leads impulsando la venta, crear engagement con tu marca y dar un servicio al cliente 24/7 e impecable.

5. Deepl:

Traductor impulsado por Inteligencia Artificial donde captura los más mínimos matices y los reproduce en el resultado de la traducción, a diferencia de otras herramientas de traducción automáticas como Google Translator y Microsoft que tienen dificultad para comprender, siendo el resultado más preciso.

6. Canva:

Aunque ya conoces Canva como herramienta para diseñar, acaba de incorporar inteligencia artificial en su interfaz. Para ello empieza un proyecto desde cero (o con plantilla) y en el editor haz clic en "más" en la barra lateral y luego en "texto a imagen". Aquí empieza la magia: describe en el campo de texto el tipo de imagen que quieres y te va a crear y generar la imagen según lo que has descrito.

7. Pictory:

La inteligencia artificial hace que puedas extraer fragmentos de videos cortos a partir de videos de formatos largos. De esta manera puedes extraer lo más importante de tus grabaciones de tu webinars, por ejemplo, con extractos corto para colocar en tus redes sociales o landing pages.

8. Synthesia:

Synthesia te permite generar vídeos con avatares en más de 60 idiomas, de manera que tu simplemente haces el guión y el avatar lo habla para que transmita el mensaje. Herramienta de inteligencia artificial ideal para cursos online, e-learning vídeos de formación y cualquier otro vídeo que no te apetezca que aparezca tu imagen, pero tenga un vídeo con acabado profesional gracia a la inteligencia artificial con muchas funcionalidades que hacen que la creación del vídeo sea fácil, aunque no tengas conocimientos técnicos ni un experto creando vídeos.

9. Ocoya:

Te permite sustituir tu community manager con inteligencia artificial. Con esta herramienta puedes hacer lluvia de ideas para tus contenidos y escribirlos directamente, encontrar los mejores hashtags, automatizar y calendarizar la publicación de tus contenidos, automatizar respuestas a tus seguidores y medir las métricas... ¡todo en tiempo real!

10. Stockimg:

Te permite crear las imágenes que tu quieras para tus portadas de ebooks, fondos de pantallas, logos, posters, ilustraciones y cualquier imagen que necesites describiendo en tus palabras lo que quieres, por ejemplo, colocando el texto que necesitas una imagen de un libro sobre una mesa de madera y te generará la imagen con varias opciones de donde escoger.

CAPÍTULO 6

MODELO DE NEGOCIOS Y FINANCIAMIENTO

CREACIÓN DE UN MODELO DE NEGOCIOS: LA CARTOGRAFÍA DEL EMPRENDEDOR_____

Iniciar un negocio es un viaje audaz y aventurado, similar a explorar tierras desconocidas. Al igual que un explorador necesita un mapa detallado para encontrar su camino, un emprendedor necesita un modelo de negocios para comprender, estructurar y guiar su empresa hacia el éxito. Pero, ¿qué implica exactamente este modelo? ¿Es simplemente un plan que se escribe y se archiva? ¿O es algo más vital, más intrínseco al corazón de una empresa próspera?

Un modelo de negocios es el puente que conecta una idea brillante con una empresa exitosa. Es una representación estructurada que descompone y aclara cómo una organización pretende funcionar, generando y distribuyendo valor. A través de este modelo, los emprendedores articularán no solo lo que desean lograr, sino cómo piensan hacerlo. Se convierte en la guía estratégica que, paso a paso, conecta la misión con la acción.

Es crucial comprender que un modelo de negocios no es un documento estático; es dinámico y evolucionará con el tiempo. Las circunstancias cambian, los mercados fluctúan y las empresas deben adaptarse. Así como un navegante ajusta su rumbo basándose en las condiciones climáticas, un emprendedor debe estar dispuesto a modificar y adaptar su modelo según las demandas del mercado y las lecciones aprendidas.

Además, en nuestra era de rápidos avances tecnológicos y mercados globales, la relevancia de un modelo de negocios sólido nunca ha sido mayor. Ya no es suficiente simplemente tener una idea brillante. La implementación efectiva, sustentada por un modelo robusto y reflexivo, es lo que separa a las empresas efímeras de las que perduran.

Recuerda la idea es la polvora para hacer explotar esa visión que tienes, pero si no tienes las herramientas con que activarla simplemente se quedara como polvora.

Es esencial no confundir un modelo de negocios con un plan de negocios. Mientras que un plan de negocios es un documento detallado que aborda aspectos como marketing, financiamiento, proyecciones y análisis, un modelo de negocios es más abstracto. Es un marco que resume cómo la empresa funcionará en su núcleo, cómo se posicionará en el mercado, y cómo generará y distribuirá valor.

Al adentrarnos en este capítulo, te invito a embarcarte en un proceso de reflexión y estructuración. Juntos, desglosaremos los componentes esenciales de un modelo de negocios, entenderemos su relevancia y aprenderemos cómo construir uno desde cero. Estarás equipado no solo con conocimientos, sino con una herramienta poderosa, una que te ayudará a navegar el intrincado mundo del emprendimiento con confianza y claridad.

Por último, recuerda que, al igual que cualquier mapa, un modelo de negocios es tan bueno como la información que contiene y la frecuencia con que se actualiza. Está diseñado para ser revisado, desafiado y adaptado. Así que, mientras aprendes y creces en tu viaje emprendedor, permite que tu modelo evolucione contigo, siendo siempre un reflejo fiel de tus aspiraciones y la realidad de tu negocio.

¿QUÉ ES UN MODELO DE NEGOCIOS?

Antes de que conozcas que es un modelo de negocios, quiero compartirte 5 consejos que me sirvieron antes de escribir el modelo de cada uno de mis negocios:

1. **Confía en tu intuición, pero valida con datos:**

    Tu idea inicial nace de una intuición, de una percepción personal del mundo y de las oportunidades que ves en él. Esta chispa es invaluable, pues es el motor inicial de tu emprendimiento. Sin embargo, la magia sucede cuando combinas esa intuición con información objetiva. Investigar, recolectar datos y buscar retroalimentación te permitirá ajustar y perfeccionar tu visión, haciéndola no solo emocionante, sino viable y efectiva.

2. Sé flexible y adaptable:

El proceso de desarrollar un modelo de negocios es un viaje de descubrimiento. Es probable que encuentres desafíos, que obtengas retroalimentaciones inesperadas y que el mercado te muestre realidades que no habías considerado. Recuerda que cada retroceso es una oportunidad para aprender y mejorar. En el mundo del emprendimiento, la capacidad de adaptarse es más valiosa que la perfección.

3. Disfruta el proceso:

Crear un modelo de negocios no es sólo acerca de números, segmentos y canales; es también una oportunidad para sumergirte en tu pasión y entenderla a fondo. Cada paso del proceso te acercará más a la realización de tu sueño. En vez de verlo como una tarea o un obstáculo, trata de disfrutarlo como una parte fundamental y enriquecedora de tu viaje emprendedor.

4. Rodéate de mentores y colegas:

El emprendimiento puede sentirse solitario, pero en realidad, está lleno de comunidades dispuestas a ayudar y guiar. Busca mentores, únete a grupos de emprendedores y no dudes en compartir tus ideas y desafíos. A menudo, una conversación casual puede ofrecer una perspectiva revolucionaria para tu modelo de negocios.

5. Mantente centrado en tu "por qué":

Antes de sumergirte en el "qué" y el "cómo" de tu modelo de negocios, recuerda siempre tu "por qué". ¿Por qué decidiste emprender en primer lugar? ¿Cuál es la pasión o el propósito que impulsa tu idea? Mantener este "por qué" en el centro de tu proceso te dará la motivación para seguir adelante cuando enfrentes desafíos y te ayudará a tomar decisiones que estén alineadas con tus valores y visión.

Finalmente, recuerda que un modelo de negocios es una herramienta viva. No se trata de hacerlo perfecto en el primer intento, sino de empezar, aprender y mejorar constantemente. Con determinación, pasión y estos consejos en mente, estarás bien equipado para crear un modelo que no sólo funcione, sino que también refleje la esencia de tu visión emprendedora.

Cuando nos sumergimos en el mundo del emprendimiento, nos encontramos con una vasta terminología, conceptos y herramientas diseñadas para facilitar y guiar nuestro viaje empresarial. Uno de los términos más esenciales y a menudo mal entendidos es "modelo de negocios". Pero, ¿qué significa realmente y por qué es crucial para cualquier emprendedor?

En su forma más básica, un modelo de negocios describe cómo una empresa crea, entrega y captura valor. Es el ADN de una empresa, la estructura subyacente que determina cómo opera y genera ingresos. Va más allá de un simple producto o servicio; es la representación holística de todos los aspectos de cómo una organización lleva a cabo su misión y visión.

Para profundizar, consideremos los componentes clave de un modelo de negocios y lo vamos a escribir juntos a continuacion:

1. **Propuesta de valor:** Es la solución o beneficio que tu empresa ofrece a los clientes. ¿Cuál es el problema que estás resolviendo? ¿Qué necesidades satisfaces?

   _____

   _____

   _____

   _____

   _____

2. Segmento de clientes: Define a quién sirves. ¿Quién se beneficiará de tu propuesta de valor? Puede haber múltiples segmentos de clientes, cada uno con necesidades y comportamientos distintos.

_____

_____

_____

_____

_____

_____

3. Canales: Describe cómo entregarás tu propuesta de valor a los clientes. Esto incluye puntos de venta, plataformas digitales y cualquier otro medio a través del cual los clientes acceden a tus productos o servicios.

_____

_____

_____

_____

_____

_____

4. Relaciones con los clientes: Define cómo interactúas con tus clientes. ¿Es una relación personalizada o más automatizada? ¿Qué nivel de soporte y comunicación ofrecerás?

_____
_____
_____
_____
_____
_____
_____

5. Fuentes de ingresos: Determina cómo la empresa ganará dinero. ¿Es a través de ventas directas, suscripciones, licencias o tal vez publicidad?

_____
_____
_____
_____
_____
_____

6. Recursos clave: Identifica los activos esenciales necesarios para operar tu negocio, desde talento humano y capital hasta tecnología y materias primas.

_____
_____
_____
_____

7. Actividades clave: Son las acciones y operaciones esenciales para entregar la propuesta de valor. ¿Qué debe hacer tu empresa regularmente para servir a tus clientes?

_____

_____

_____

_____

_____

8. Socios clave: Describe las organizaciones o individuos externos que ayudarán a tu empresa a operar con éxito. Estos pueden ser proveedores, aliados estratégicos, entre otros.

_____

_____

_____

_____

_____

9. Estructura de costos: Desglosa los gastos asociados con operar tu negocio. Esto incluye costos fijos, variables y economías de escala.

A continuación, detalle la idea de cuanto crees que vas a tener como costos en el emprendimiento con el que sueñas, recuerda que esta es una guía para aprender a emprender, para que aprendas las terminologías, y sobre todo conozcas este mundo antes de dar el primer paso a esta aventura de montarte en la montaña rusa.

_____

_____

_____

_____

_____

_____

_____

_____

_____

_____

_____

_____

_____

_____

_____

_____

_____

_____

_____

_____

_____

No pasa nada si no aun no conoces cuales serian tus costos, deja este espacio en blanco para cuando ya empieces a tener información economica de tu proyecto.

Este esquema, a menudo representado visualmente en herramientas como el Canvas de Modelo de Negocios, permite a los emprendedores y empresarios visualizar y probar sus ideas antes de lanzarse al mercado. Es una herramienta dinámica, que se espera sea revisada y ajustada a medida que el negocio crece y se adapta.

Más allá de su estructura, un modelo de negocios es una declaración de cómo una organización opera, compite y sirve a sus clientes. Es el corazón de cualquier negocio exitoso y una herramienta esencial para cualquier emprendedor. Por lo tanto, antes de zambullirse en el mundo empresarial, es fundamental comprender y desarrollar un modelo de negocios sólido y adaptable.

En el mundo moderno, hemos sido testigos de cómo empresas como Uber, Airbnb y Netflix han revolucionado industrias enteras con modelos de negocios innovadores. Estas empresas identificaron brechas en el mercado y diseñaron modelos que no sólo satisfacen las necesidades del cliente, sino que también desafían las formas tradicionales de operar.

El proceso de diseñar y refinar tu modelo es un viaje continuo. A medida que las circunstancias cambian, las tecnologías avanzan y las preferencias de los clientes evolucionan, tu modelo de negocios también debe adaptarse. Aquí radica la belleza de emprender: es un viaje de aprendizaje, adaptación y crecimiento constante. Y tu modelo de negocios es el mapa que te guiará en cada paso del camino.

FUENTES DE FINANCIAMIENTO: DEL CAPITAL SEMILLA A LAS RONDAS DE INVERSIÓN_____

El financiamiento es uno de los pilares esenciales para el crecimiento y la consolidación de cualquier emprendimiento. Desde las primeras etapas, hasta las fases avanzadas de expansión, contar con los recursos económicos adecuados puede marcar la diferencia entre el éxito y el fracaso. A continuación, exploramos las distintas fuentes de financiamiento que un emprendedor puede considerar en su viaje empresarial.

1. Financiamiento Propio o Bootstrapping:

Se trata de la financiación a través de los recursos propios del emprendedor. Puede consistir en ahorros personales, la reinversión de las ganancias iniciales del negocio o el uso de recursos no monetarios que el emprendedor ya posee. Es una excelente manera de comenzar, ya que no diluye la propiedad del negocio ni genera obligaciones con terceros.

2. Préstamos Familiares y de Amigos:

Es una de las fuentes más comunes en las etapas iniciales. Aunque es una opción más informal, es vital tratar estos préstamos con profesionalismo, estableciendo términos claros y comprometiéndose a devolver la cantidad en el tiempo acordado.

3. Capital Semilla:

Es una inversión inicial que busca financiar la idea de un emprendimiento para que pueda desarrollarse hasta convertirse en un prototipo o en un modelo de negocio incipiente. A menudo, proviene de inversores ángeles: individuos que proporcionan capital a cambio de deuda convertible o propiedad accionaria.

4. Crowdfunding o Financiación Colectiva:

Plataformas como Kickstarter o Indiegogo permiten a los emprendedores presentar sus ideas al público, quienes financian el proyecto a cambio de recompensas, que pueden variar desde productos hasta participaciones en la empresa.

5. Venture Capital o Capital de Riesgo:

Estas son firmas especializadas que administran fondos agrupados de inversores para invertir en empresas con alto potencial de crecimiento. A cambio de su inversión, suelen requerir una participación en la empresa y, a menudo, un asiento en el consejo de administración.

6. Rondas de Inversión:

A medida que la empresa crece, puede requerir rondas sucesivas de financiación, comúnmente denominadas Series A, B, C, etc. En cada ronda, la empresa busca recaudar capital, usualmente a cambio de acciones, y cada ronda puede tener un propósito específico, desde la expansión hasta la consolidación en el mercado.

7. Financiamiento a través de Deuda:

A diferencia de la inversión de capital, donde se vende una parte de la empresa, el financiamiento a través de deuda implica pedir prestado dinero que se debe devolver con intereses. Los bancos, las instituciones financieras y las plataformas de préstamos en línea son fuentes comunes.

8. Incubadoras y Aceleradoras:

Estas organizaciones brindan apoyo financiero, mentoría y recursos a startups en etapas tempranas. A cambio, suelen tomar una participación en el negocio. La diferencia esencial es que las aceleradoras buscan acelerar el crecimiento de una idea ya existente, mientras que las incubadoras ayudan a desarrollar y madurar una idea desde cero.

9. Competencias de Emprendimiento:

Participar en concursos de startups puede ser una excelente manera de obtener financiamiento. A menudo, estos eventos ofrecen premios en efectivo, además de exposición y oportunidades de networking.

10. Inversión Corporativa:

Algunas empresas establecidas invierten en startups, ya sea para fomentar la innovación, entrar en nuevos mercados o integrar tecnologías emergentes.

Al considerar estas opciones, es esencial que los emprendedores comprendan bien las implicaciones de cada fuente de financiamiento. ¿Diluirá la propiedad? ¿Qué expectativas tendrán los inversores? ¿Qué nivel de control y participación desean en el negocio?

Finalmente, el mejor financiamiento no solo es aquel que proporciona los recursos necesarios, sino aquel que se alinea con la visión, los valores y las metas a largo plazo del emprendedor y su proyecto. La clave está en la investigación, la preparación y, sobre todo, en elegir un camino que respalde y potencie la visión y el potencial del emprendimiento.

CÓMO ATRAER INVERSIONISTAS A TU PROYECTO EMPRENDEDOR_____

Atraer inversionistas es uno de los desafíos más grandes para cualquier emprendedor. Sin embargo, lograr que alguien confíe financieramente en tu idea o negocio puede ser la diferencia entre llevar tu proyecto al siguiente nivel o quedarte estancado. Aquí te presento una guía estratégica para cautivar a aquellos individuos o entidades dispuestas a invertir en tu sueño.

1. Desarrolla un sólido modelo de negocio:

Antes de buscar financiamiento, asegúrate de tener un modelo de negocio robusto y escalable. Esto implica no sólo una idea innovadora, sino una estructura claramente definida sobre cómo generarás ingresos, cuál es tu mercado objetivo, qué problemas solucionas y cómo te diferencias de la competencia.

2. Crea un speech convincente:

El speech es tu herramienta de venta. Debe ser breve, directo y capaz de transmitir la esencia y el potencial de tu negocio en poco tiempo. Recuerda que, muchas veces, los inversionistas no sólo invierten en la idea, sino también en la persona detrás de ella. Demuestra pasión, conocimiento y compromiso.

3. Prepara un plan de negocios detallado:

El plan de negocios es el documento que profundiza en los detalles que no puedes cubrir en el pitch. Debe incluir análisis de mercado, estrategias de marketing y ventas, proyecciones financieras, estructura organizacional y cualquier otra información relevante que muestre que has investigado y planificado a fondo.

4. Sé transparente:

La honestidad es esencial. Si tu negocio tiene áreas de debilidad o riesgos, es vital reconocerlos y mostrar que tienes estrategias para enfrentarlos. Los inversionistas valorarán tu capacidad para ser realista y anticiparte a los desafíos.

5. Redes de contacto (Networking):

Asiste a eventos, conferencias y talleres relacionados con emprendimiento e inversión. La mayoría de las oportunidades de financiamiento surgen a través de conexiones personales y recomendaciones.

6. Investigación sobre inversionistas:

Todos los inversionistas no son iguales. Algunos pueden estar interesados en ciertos sectores o etapas de negocio. Investiga a posibles inversionistas, sus antecedentes, los proyectos en los que han invertido anteriormente y sus intereses. Esto te permitirá acercarte a aquellos que se alineen mejor con tu negocio.

7. Aporta algo más que sólo una idea:

Cualquiera puede tener una idea. Lo que realmente impresiona a los inversionistas es ver prototipos, estudios de mercado, feedback de clientes o ventas iniciales. Demuestra que has hecho la tarea y que tu idea tiene tracción en el mercado.

8. Sé flexible, pero defiende tu valor:

La negociación es una parte fundamental del proceso de captar inversión. Es probable que necesites ser flexible en cuanto a términos y condiciones. Sin embargo, también es crucial que sepas el valor de tu empresa y defiendas lo que crees que mereces.

9. Continúa mejorando:

Incluso si no consigues inversión inmediatamente, cada pitch y reunión es una oportunidad para recibir feedback. Aprovecha las críticas constructivas para mejorar tu propuesta y acércate nuevamente a los inversionistas con una oferta aún más robusta.

10. Persistencia:

No todos los inversionistas dirán "sí". Es probable que enfrentes rechazos. Lo importante es perseverar, aprender de cada experiencia y seguir intentando. La persistencia, combinada con una propuesta sólida y una visión clara, aumentará tus chances de éxito.

En resumen, atraer a los inversionistas es tanto un arte como una ciencia. Combina preparación meticulosa con pasión auténtica y un firme compromiso con tu visión. Al hacerlo, no sólo atraerás financiamiento, sino también aliados valiosos que pueden ofrecer mentoría, conexiones y experiencia para ayudar a que tu emprendimiento prospere.

PRESUPUESTOS Y CONTROL DE GASTOS: CLAVES PARA LA SOSTENIBILIDAD FINANCIERA DE TU EMPRENDIMIENTO____

Ahora tocaremos un tema de mucha importancia en cuanto al proceso de emprender nos referimos, el cash, el money y el control del mismo, conocer como funcionan los números es de vital importancia para iniciar un nuevo proyecto.

Todo emprendedor sabe que, para mantenerse en el mercado y crecer, es fundamental llevar un control estricto de las finanzas. Los presupuestos y el control de gastos son herramientas esenciales para este propósito, y aquí te muestro cómo implementarlos y aprovecharlos al máximo.

Pero empezemos con lo primero, ¿Qué es un presupuesto?

Un presupuesto es una proyección financiera que detalla los ingresos esperados y los gastos en un período determinado, generalmente un año. Permite planificar y controlar los recursos, así como tomar decisiones informadas.

Ahora conoceras cuales son los beneficios específicos de tener un presupuesto:

- Proporciona una visión clara de la situación financiera.
- Facilita la identificación de áreas de ahorro.

- Previene gastos innecesarios.
- Ayuda a establecer metas y a medir el progreso.

Te estaras preguntando y como creo mi presupuesto, ahora te lo cuento:

Para crear un presupuesto efectivo debes seguir los pasos que te planteo a continuación:

1. Define tus objetivos:

¿Quieres expandir tu negocio, lanzar un nuevo producto, o simplemente mantener la operación actual?, son preguntas que deberas planteártelas a ti mismo.

2. Revisa los datos históricos:

Analiza tus ingresos y gastos de años anteriores, en el caso de que ya los tengas, caso contrario prepárate a llevar estadísticas desde el primer dia que inicies con la cristalización de tu proyecto.

3. Estima ingresos y gastos:

Sé realista, considera las variaciones estacionales y los posibles imprevistos.

4. Control de gastos:

Es esencial que, una vez establecido el presupuesto, se realice un seguimiento regular para garantizar que los gastos no superen las previsiones.

5. Herramientas para el control de gastos:

Software de contabilidad: Aplicaciones como QuickBooks o FreshBooks permiten monitorizar gastos en tiempo real.

Aplicaciones móviles: Herramientas como Mint o YNAB son ideales para emprendedores en movimiento.

6. Consejos para un control de gastos efectivo:

- **Revisa tu presupuesto regularmente**: Es esencial adaptarse a las circunstancias cambiantes.
- **Limita gastos fijos:** Minimizar costos recurrentes, como alquileres o suscripciones, puede liberar recursos para otras áreas.
- **Negocia con proveedores:** Siempre busca mejores precios o condiciones de pago.
- **Evita gastos impulsivos:** Asegúrate de que cada gasto esté justificado y alineado con tus objetivos.

7. Desafíos comunes y cómo superarlos:

Fluctuaciones inesperadas: Siempre mantén un fondo de emergencia para cubrir gastos inesperados.

Adherencia al presupuesto: Es común desviarse del presupuesto inicial. Cuando esto suceda, revisa y ajusta tus estimaciones.

8. Evaluación y ajuste:

El proceso de presupuesto y control de gastos no es estático. Al final de cada período, compara tus proyecciones con la realidad y ajusta según sea necesario.

La gestión eficiente de las finanzas es la columna vertebral de cualquier negocio exitoso. Un presupuesto bien estructurado y un control riguroso de gastos no solo aseguran la supervivencia del negocio, sino que también liberan recursos para invertir en crecimiento y expansión. Al adoptar estas prácticas, cualquier emprendedor se posicionará para enfrentar desafíos financieros y aprovechar al máximo cada oportunidad.

CAPÍTULO 7

MARKETING Y VENTAS

HISTORIA DEL MARKETING_____

El marketing, aunque se percibe como un concepto moderno, ha sido una práctica que ha evolucionado a lo largo de los siglos. Es esencialmente el arte y la ciencia de conectar a los vendedores con los compradores. Aquí se presenta una visión condensada de su evolución.

1. **Era Antigua:** Las primeras formas de marketing se pueden rastrear hasta la antigüedad, donde los mercaderes usaban signos y símbolos en las afueras de sus tiendas para atraer a clientes potenciales. Las ferias y mercados eran los centros comerciales donde la gente venía a intercambiar bienes.

2. **Era Industrial (1700s-1900s):** La revolución industrial cambió radicalmente la producción, pasando de la artesanía a la fabricación en masa. Con la producción en masa vino la necesidad de ventas en masa, y aquí es donde realmente comenzamos a ver el marketing en acción. Las marcas empezaron a surgir y la publicidad se hizo más prominente, especialmente con el auge de los periódicos.

3. **Era del Marketing Moderno (1920s-1950s):** A medida que la competencia aumentaba, las empresas comenzaron a reconocer la necesidad de centrarse en las necesidades y deseos del cliente. Nació el concepto de orientación al

cliente. La publicidad se diversificó con la llegada de la radio y más tarde de la televisión.

4. **Era del Marketing Digital (1990s-Presente):** La invención de Internet cambió el juego. El marketing digital tomó el centro del escenario con herramientas como el correo electrónico, los motores de búsqueda y las redes sociales. Las empresas podían ahora interactuar con sus clientes en tiempo real y personalizar su enfoque como nunca antes.

5. **Era del Análisis y la Big Data**: Con la proliferación de herramientas digitales, las empresas se inundaron de datos. El análisis de estos datos proporcionó insights profundos sobre el comportamiento del cliente, permitiendo una personalización y orientación aún mayores.

HITOS IMPORTANTES EN LA HISTORIA DEL MARKETING

Publicidad Impresa: Los primeros ejemplos datan del antiguo Egipto, donde se encontraron papiros promocionando bienes.

Marca: Las marcas han existido desde que los artesanos empezaron a poner sus signos en sus productos, pero la marca como la conocemos comenzó en la era industrial para diferenciar los productos en un mercado saturado.

Investigación de Mercado: A medida que las empresas comenzaron a centrarse en las necesidades del cliente, la investigación de mercado se volvió esencial para comprender esas necesidades.

Publicidad en TV: La primera publicidad en TV se emitió en 1941 en los Estados Unidos, marcando el comienzo de una nueva era de publicidad.

Marketing Digital: Con el nacimiento de Internet, el marketing digital creó un nuevo paradigma. Empresas como Google y Facebook revolucionaron la publicidad orientada y personalizada.

La historia del marketing es rica y variada. Desde sencillos signos en tiendas antiguas hasta complejas campañas digitales en plataformas múltiples, el marketing ha recorrido un largo camino. A lo largo de los años, una cosa ha permanecido constante: el deseo de conectar con los clientes y satisfacer sus necesidades. Con la continua innovación tecnológica, es emocionante pensar en lo que el futuro del marketing nos depara.

MARKETING Y VENTAS: UN DIÁLOGO DIRECTO CON EL EMPRENDEDOR DEL FUTURO

Como emprendedor, hay una conversación que siempre está en curso: la que ocurre entre tu producto o servicio y tu cliente potencial. Esta conversación es lo que llamamos marketing y ventas. Y créeme, es más que un simple intercambio; es un arte, una ciencia y un instinto todo en uno. Quiero compartirte, desde mi experiencia personal y profesional, cómo veo este fascinante mundo y cómo puedes hacerlo trabajar a tu favor.

MARKETING: EL ALMA DE TU NEGOCIO

Muchos consideran que el marketing es una serie de tácticas: un anuncio aquí, un post en redes sociales allá. Pero en su esencia, el marketing es la voz de tu negocio. Es cómo comunicas tus valores, tu misión, y lo más importante, el valor que ofreces a tus clientes.

En los tiempos actuales, el marketing se ha transformado de ser una megafonía ruidosa a una conversación bidireccional. Es un diálogo constante que te permite no solo hablar sino, más críticamente, escuchar. En este mundo digital, donde la información fluye libremente, los consumidores están más informados que nunca. Buscan autenticidad, transparencia y conexiones reales. Entonces, ¿cómo te destacas en esta cacofonía?

Narrativa Auténtica: Las marcas que se atreven a mostrar su verdadera esencia, con sus defectos y fortalezas, son las que construyen relaciones duraderas. Cuenta tu historia, no solo la de tu producto.

Marketing de Contenido: Proporciona valor antes de pedir algo a cambio. Una publicación de blog, un tutorial, un seminario web: estos son medios para educar y nutrir a tu audiencia.

Segmentación Efectiva: No todos serán tus clientes. Y está bien. Es mejor tener un grupo pequeño, pero altamente comprometido que una multitud desinteresada.

VENTAS: EL CORAZÓN PALPITANTE

Mientras que el marketing establece el escenario, las ventas cierran el acto. Aquí es donde la promesa de tu marca se traduce en una realidad tangible para tu cliente. Pero recuerda, las ventas ya no son sobre puertas frías y discursos ensayados.

Construcción de Relaciones: Más que una transacción, las ventas son sobre construcción de confianza. El proceso de venta es una jornada, no un destino.

Escucha Activa: Más que hablar, el vendedor efectivo escucha. Entiende las necesidades, dolores y aspiraciones de tu cliente, y adapta tu solución en consecuencia.

Postventa: La relación no termina una vez que se cierra la venta. De hecho, ahí es donde comienza la verdadera magia. Un cliente satisfecho puede ser un embajador de tu marca, llevando tu mensaje más allá de lo que cualquier campaña publicitaria podría lograr.

El marketing y las ventas son dos caras de la misma moneda. Ambos buscan conectar, construir relaciones y crear valor. En esta era digital, el poder ha cambiado de manos. Ya no reside con las empresas, sino con los clientes. Así que, querido lector, te insto a que abraces esta nueva realidad, a que escuches y aprendas, y a que lleves tu emprendimiento a alturas nunca antes imaginadas.

Querido emprendedor en accion, una cosa es cierta en el mundo empresarial: tener un producto o servicio increíble es solo la mitad de la batalla. La otra mitad es asegurarse de que los clientes lo sepan y actúen en consecuencia. Con base en mi experiencia y en las historias de emprendedores exitosos, aquí te comparto algunos consejos prácticos para potenciar tus ventas:

Conoce a Tu Audiencia: La personalización es clave en el mundo actual. No vendes a un mercado; vendes a individuos dentro de ese mercado. Investiga y entiende a tu cliente ideal: sus necesidades, deseos y puntos de dolor.

Crea Ofertas Atractivas: A veces, un pequeño incentivo puede empujar a un cliente potencial a tomar una decisión. Podría ser un descuento, un regalo o incluso contenido exclusivo.

Refuerza tu Propuesta de Valor: No es suficiente decir que tu producto es bueno; debes decir por qué es único y cómo resuelve un problema o satisface una necesidad específica.

Capacita a tu Equipo: Un equipo de ventas bien informado y apasionado puede hacer maravillas. Asegúrate de que estén capacitados y motivados.

Pide Referencias: Un cliente satisfecho es el mejor embajador de tu marca. Pide referencias o testimonios; un pequeño empujón puede generar un efecto dominó.

Elon Musk en sus inicios aplico estos consejos que te acabo de dar y te los voy a explicar a continuación como lo hizo.

Elon Musk, ahora conocido por sus proezas con Tesla, SpaceX, Neuralink y otras compañías, tuvo uno de sus primeros éxitos empresariales significativos con PayPal, una empresa de servicios de pagos en línea. Aunque Musk fundó

X.com, que luego se fusionó con Confinity para convertirse en PayPal, su enfoque en la visión y las tácticas de ventas demostró ser fundamental para el éxito de la plataforma.

APLICACIÓN DE CONSEJOS EN EL CASO DE PAYPAL

Conoce a Tu Audiencia: Musk y su equipo se dieron cuenta rápidamente de que había una necesidad en el mercado de realizar transacciones en línea de manera segura y eficiente, especialmente con el auge del comercio electrónico y las subastas en línea como eBay.

Crea Ofertas Atractivas: Para incentivar el uso de PayPal, la compañía inicialmente ofreció bonos en efectivo a los nuevos usuarios y referencias. Esta estrategia resultó ser un arma de doble filo, ya que aunque aumentó el número de usuarios, también costó mucho dinero a la empresa. Sin embargo, fue efectiva para poner a PayPal en el mapa y dominar rápidamente el mercado.

Refuerza tu Propuesta de Valor: El valor de PayPal estaba en su simplicidad y seguridad. En una época en que las transacciones en línea eran vistas con escepticismo, PayPal prometió y entregó una solución segura y fácil de usar que protegía la información del cliente.

Capacita a tu Equipo: El equipo de PayPal no solo estaba bien informado sobre el producto, sino que también estaba comprometido con la visión de cambiar la forma en que las personas hacen negocios en línea. La pasión y la dedicación del equipo fueron fundamentales para superar los desafíos iniciales.

Pide Referencias: Aunque la estrategia de bonificación para las referencias era arriesgada, generó un rápido boca a boca. PayPal se convirtió rápidamente en el método preferido de pago para los usuarios de eBay, lo que llevó a eBay a adquirir la compañía por $1.5 mil millones en acciones.

La historia de Elon Musk con PayPal es un testimonio del poder de la visión, la innovación y la audacia en las tácticas de ventas. Más allá de PayPal, Musk ha continuado aplicando estos principios en todas sus empresas, demostrando que, con la mentalidad y estrategia adecuadas, uno puede revolucionar industrias enteras.

CAPÍTULO 8

LA MONTAÑA RUSA DEL EMPRENDEDOR

A medida que te adentras en esta última parte del viaje, quiero que te detengas por un momento y reflexiones sobre cada página que has leído, cada palabra que has absorbido, y cada emoción que has experimentado. El camino del emprendimiento, tal y como has podido percibir, no es una línea recta ascendente hacia el éxito. Es más bien una montaña rusa repleta de altos emocionantes y caídas inesperadas, de curvas cerradas y largos tramos que ponen a prueba nuestra paciencia y resistencia.

Recordemos juntos el sonido inicial de una idea naciente, esa chispa que se enciende en tu mente y corazón, llena de potencial. Pero, como toda chispa, necesita más que solo oxígeno para crecer; necesita pasión, dedicación y, sobre todo, resiliencia.

Es posible que ya hayas experimentado algunos de esos momentos de duda, donde las sombras parecían más grandes que las luces. Pero recuerda siempre que la noche es más oscura justo antes del amanecer. Las historias de éxito más inspiradoras a menudo están precedidas por relatos de fracasos, obstáculos y lecciones aprendidas. Y esas lecciones, esas cicatrices de batalla, son las que realmente forjan el carácter de un emprendedor indomable.

Hemos recorrido juntos una vasta extensión de terreno, explorando desde los intricados fundamentos del emprendimiento hasta la vertiginosa altura de la inteligencia artificial. Pero ahora, querido lector, nos encontramos al borde del abismo más profundo y emocionante de todos: la humanidad detrás del emprendimiento.

Te invito a que te sumerjas en este capítulo final no como un simple espectador, sino como un viajero que ha recorrido un largo camino y está listo para enfrentar las últimas y más profundas verdades. Que, al cerrar este libro, sientas un renovado sentido de propósito, una brasa encendida de pasión y, por encima de todo, la confianza de que cada caída solo te prepara para un ascenso aún mayor.

Así que, respira profundo y prepárate. Es hora de desvelar el alma detrás del mundo del emprendimiento y, tal vez, descubrir un poco más sobre tu propia alma en el proceso.

La historia de Thomas Edison es una historia que me marco cuando era niño, recuerdo que en la librería en la ciudad a la que solíamos ir a comprar los libros con mi Padre había un edición especial muy bonita de las historias de los mas grandes referentes del mundo hechos dibujos y contada su historia para niños, esos libros si que me los devoraba, había de Albert Einstein, de Isaac Newton, entre otros, todos me los lei y uno de los que me impacto fue el de Thomas Edison y su obsesion con su proyecto, esta historia me gustaría que te la llevas y la guardes en tu corazón, para esos días donde las cosas no salgan como esperas recuerda que el genio de la bombilla lo intento no 1 sino 10.000 veces, y te la cuento a continuación,

Thomas Edison: La Luz después de la Oscuridad

Thomas Edison, conocido como el inventor de la bombilla eléctrica, no tuvo éxito inmediatamente. En realidad, falló unas 10.000 veces antes de finalmente diseñar una bombilla funcional. Si bien muchos lo considerarían un fracaso después del primer intento, Edison vio estos intentos no como errores, sino como 10.000 formas en las que una bombilla no funcionaría.

En una ocasión, un periodista le preguntó: "¿Cómo se siente al haber fallado 10,000 veces?". Edison respondió: "No fallé 10,000 veces. La bombilla fue un invento con 10,000 pasos." A lo largo de este proceso, se sintió frustrado y desesperado, pero su creencia en el potencial de su idea lo llevó a perseverar. Finalmente, cambió el mundo con su invento.

Cada vez que enciendas una bombilla recuerda que esta ahí gracias a un emprendedor como tu, que sabe lo que quiere y va detrás de aquello que considera que le pertenece.

Otra historia de que las criticas, obstáculos, situaciones adversas son parte de tu proceso, el proceso que atravesaras como emprendedor, porque tu decides como tomarlo y fortalecerte atraves de la resiliencia, esta es la historia de Oprah Winfrey.

Oprah Winfrey: De la Pobreza a la Prosperidad

Antes de convertirse en la magnate de los medios que es hoy, Oprah enfrentó adversidades casi inimaginables. Abusada en su infancia y luego llevada a vivir una adolescencia problemática, tuvo un hijo a los 14 años que murió poco después de nacer. Su carrera en los medios comenzó en la radio, luego se trasladó a la televisión, donde fue despedida de su trabajo como reportera porque le dijeron que "no era apta para la televisión".

Después de estas devastadoras experiencias, Oprah pudo haberse rendido, pero en cambio, utilizó sus experiencias personales y su capacidad natural para conectarse con las personas para construir un imperio mediático. A pesar de las adversidades, Oprah creyó en sí misma y su capacidad para
conectar con la audiencia.

Ahora para finalizar estas historias con las que busco no solo motivarte, sino hacerte comprender que los errores que cometas, las circunstancias en las que te encuentres, pero sobre todo la decisión con la que enfrentes cada osbtaculo te harán llegar a tu objetivo, porque las perseverancias ancladas de la pasión te harán una mujer, un hombre con determinación para alcanzar el éxito que buscas.

Esta historia es la de Starbucks, te la vuelvo a mencionar porque me parece tan potente su historia y como ha impactado hoy en la actualidad a nuestro mundo, además de que a mi hermana Vicky que tiene 10 años es su lujo comprarse su drink en Starbucks, y por lo general siempre lo tiene en una mano. Esta marca ha generado una tendencia juvenil.

Howard Schultz: De los Barrios Bajos a Starbucks

Antes de transformar Starbucks en la cadena mundial que es hoy, Howard Schultz creció en un barrio pobre del Bronx, Nueva York. Las condiciones de su infancia fueron humildes y difíciles. Al conocer por primera vez Starbucks en Seattle, vio potencial y quiso expandir la marca creando un espacio donde la gente pudiera reunirse y disfrutar de un café.

Cuando propuso esta idea al propietario original de Starbucks, fue rechazado. Schultz, sin embargo, no se rindió ante el primer rechazo. Creó su propia cadena de cafeterías y, eventualmente, compró Starbucks y lo convirtió en el gigante que es hoy.

Durante esos momentos cruciales de rechazo y duda, Schultz recordaba las luchas de su infancia y se inspiraba en ellas para seguir adelante. Sabía que si podía superar la adversidad de su juventud, también podía transformar una pequeña cadena de cafeterías en un imperio global.

Cada una de estas historias nos muestra que, más allá de las adversidades, la perseverancia y la fe en uno mismo pueden llevar a resultados extraordinarios. La clave es nunca rendirse, incluso cuando las cosas parecen más difíciles. La verdadera esencia del emprendimiento se encuentra en la capacidad de levantarse después de cada caída, aprender de ella y seguir adelante con más determinación que nunca.

CAPÍTULO 9

VOCABULARIO DEL EMPRENDEDOR

VOCABULARIO _____

Ahora para ampliar tu conocimiento y vocabulario empresarial te dejo aquí un vocabulario de 50 palabras que te servirán en este proceso de construcción de tus sueños, recuerda que ahora el mundo esta globalizado, y los términos que te menciono a continuación son las mas utilizados en el mundo de los negocios:

1. **Emprendimiento:** Actividad de crear, desarrollar y gestionar un nuevo proyecto con el objetivo de obtener ganancias.

2. **Startup:** Empresa de nueva creación que presenta soluciones innovadoras a problemas actuales.

3. **Incubadora:** Organización diseñada para ayudar a desarrollar startups proporcionándoles recursos y servicios.

4. **Aceleradora:** Organización que ofrece capital, mentoría y recursos a startups con el objetivo de acelerar su crecimiento.

5. **Bootstrapping:** Financiar el crecimiento de una empresa sin inversión externa o préstamos.

6. **Pitch:** Presentación breve y persuasiva de una idea o negocio ante posibles inversores.

7. **Angel Investor (Inversionista ángel):** Persona que invierte capital personal en startups en sus primeras etapas.

8. **Venture Capital (Capital de riesgo):** Inversión en empresas emergentes con alto potencial de crecimiento.

9. **Equity:** Propiedad o participación accionaria en una empresa.

10. **MVP (Producto Mínimo Viable):** Versión simplificada de un producto que permite validarlo en el mercado.

11. **Lean Startup:** Método para desarrollar negocios y productos centrado en adaptarse a las necesidades del cliente.

12. **Benchmarking:** Proceso de comparar los productos, servicios o procesos de una empresa con los de los mejores en la industria.

13. **B2B (Business to Business):** Empresas cuyos clientes principales son otras empresas.

14. **B2C (Business to Consumer):** Empresas cuyos clientes principales son individuos.

15. **ROI (Retorno de la Inversión):** Medida utilizada para evaluar el rendimiento de una inversión.

16. **Scale-up:** Fase en la que una startup experimenta un crecimiento significativo.

17. **Freemium:** Modelo de negocio donde se ofrecen servicios básicos gratis y versiones avanzadas o adicionales de pago.

18. **Crowdfunding:** Financiamiento colectivo de un proyecto a través de pequeñas aportaciones de un gran número de personas.

19. **Outsourcing:** Contratar a terceros para realizar servicios o funciones que normalmente serían hechas por empleados.

20. **Networking:** Creación de una red de contactos profesionales para el intercambio de información y oportunidades.

21. **Mentor:** Persona con experiencia que guía y aconseja a emprendedores en el desarrollo de su negocio.

22. **Stakeholder:** Cualquier persona o entidad que tenga un interés directo en el desempeño o resultados de un negocio.

23. **Cash Flow (Flujo de efectivo):** Total de ingresos y egresos de efectivo durante un período.

24. **Break-even Point:** Punto en el que los ingresos totales igualan los costos totales.

25. **Equipo fundador:** Grupo inicial de personas que crean una startup.

26. **Burn rate:** Tasa a la que una empresa gasta capital antes de generar ingresos.

27. Disruptivo: Innovación que crea un nuevo mercado y desplaza a las tecnologías establecidas.

28. Feedback: Retroalimentación o respuesta sobre un producto, servicio o idea.

29. Franchise (Franquicia): Modelo de negocio en el que se otorgan derechos de marca y modelo de negocio a terceros.

30. KPI (Indicador Clave de Desempeño): Medida utilizada para evaluar el éxito de un proyecto o actividad.

31. Landing Page: Página web a la que llega un usuario tras hacer clic en un enlace.

32. Lead: Persona o entidad interesada en el producto o servicio de una empresa.

33. Monetizar: Convertir algo en una fuente de ingresos.

34. Nicho: Segmento específico del mercado con necesidades particulares.

35. Pivot: Cambio estratégico en el modelo de negocio después de recibir feedback.

36. Seed Capital: Capital inicial invertido para poner en marcha una startup.

37. Shareholder (Accionista): Propietario de acciones en una empresa.

38. FODA: Análisis de fortalezas, debilidades, oportunidades y amenazas de un negocio.

39. Turnover: Rotación de empleados o tasa a la que una empresa gana o pierde empleados.

40. Valuation: Valoración o estimación del valor de una empresa.

41. Vertical: Sector o industria específica en el mercado.

42. Horizon Scanning: Técnica para detectar tendencias y desarrollos futuros en una industria.

43. Hub: Centro o foco principal de una actividad o red.

44. Joint Venture: Colaboración entre dos o más entidades para un proyecto específico.

45. Liquidity: Capacidad de convertir activos en efectivo rápidamente.

46. Mission (Misión): Declaración del propósito y objetivos fundamentales de una empresa.

47. Vision (Visión): Imagen idealizada del futuro de una empresa.

48. SaaS (Software as a Service): Software que se ofrece como un servicio pagado, usualmente a través de suscripciones.

49. Scalability (Escalabilidad): Capacidad de una empresa para crecer sin verse obstaculizada.

50. Traction: Evidencia de crecimiento o interés en un producto o servicio.

Estos términos y definiciones son esenciales para quienes buscan navegar el mundo del emprendimiento, y ese por supuesto que eres tu querido emprendedor en acción.

¡Espero que te sean de mucha utilidad!

ACERCA DEL AUTOR

Nacido el 25 de enero de 1998, en la pintoresca ciudad de Ibarra, llamada la "Ciudad Blanca" provincia de Imbabura, Ecuador, Paul Andrés López Pastrana es un testimonio viviente de resiliencia, determinación y fe. Hijo de Rolando López y Pilar Pastrana, y hermano de Daniela y Victoria López, desde muy joven Paul demostró tener un espíritu inquieto y emprendedor.

Su educación formal, que lo llevó por cuatro diferentes instituciones, le brindó más que conocimientos académicos; le ofreció lecciones de adaptabilidad, construcción de relaciones y fortalecimiento de la autoestima. Concluyó su educación secundaria en el Pensionado Atahualpa de la ciudad de Ibarra, Paul entendió que el aprendizaje es una jornada constante y diversificada. Su formación incluye certificaciones en Programación Neurolingüística, Coaching,

Política y Administración de empresas, tanto públicas como privadas.

Paul decidió aventurarse en el mundo empresarial a los 17 años, fundando su primer emprendimiento, llamado Disprocom. Esta decisión lo llevó por un camino de autodescubrimiento y crecimiento exponencial, obteniendo libertad económica a una edad en la que muchos aún están buscando su propósito. Su tenacidad y agudeza empresarial lo llevaron a ser Gerente de dos campañas políticas para la Alcaldía con apenas 20 años de edad, ganando una de ellas y siendo reconocida su campaña con un Victory Award en los Estados Unidos. Su portafolio como empresario incluye inversiones en diversos proyectos y líneas de negocios, como la gastronomía, el deporte y la academia.

Sin embargo, el camino del emprendedor rara vez es lineal. Paul ha enfrentado fracasos significativos, y es por eso que el le llama al camino del emprendedor "La Montaña Rusa del emprendedor", tuvo tropiezos como el intento de recrear el juego del calamar en Ecuador y la expansión de Disprocom como red de networking. Sin embargo, estas experiencias, en lugar de desanimarlo, lo fortalecieron y le dieron una perspectiva única sobre la naturaleza efímera del éxito y la importancia de la perseverancia.

En su vida personal, Paul recuerda con cariño la conversación con su padre al iniciar su primer emprendimiento. Su padre le dijo que el proyecto iniciaría con un capital inicial de $0 dólares, su padre le ofreció algo más valioso: conocimiento y una lección invaluable sobre el apalancamiento financiero, conocimiento el cual hoy lo comparte en sus conferencias y capacitaciones a emprendedores que están en acción.

Junto a su prometida Vanessa, Paul comparte su hogar con dos Yorkshire Terrier Mini Toy, Polo y Monserrath, quienes añaden alegría, motivación y compañía a su vida.

Hoy, con una visión clara y un corazón lleno de pasión, Paul está construyendo "PL University", un proyecto destinado a apoyar a jóvenes emprendedores que, como él, tienen el espíritu, pero necesitan las herramientas. Su misión es brindarles el conocimiento y apoyo que él tuvo la fortuna de tener, para que puedan embarcarse en esa emocionante "montaña rusa del emprendedor".

En resumen, la vida de Paul Andrés López Pastrana es una historia de superación, adaptabilidad y fe inquebrantable. Es un testimonio del poder de la determinación y de la importancia de rodearse de las personas adecuadas. A través de sus altos y bajos, Paul sigue siendo un faro de inspiración para todos aquellos que sueñan en grande y están dispuestos a trabajar <u>duro</u> para alcanzar sus objetivos.

MENSAJE FINAL

Querido emprendedor en accion,

Si has llegado hasta estas líneas finales, primero y, ante todo, quiero expresarte mi más profundo agradecimiento. Gracias por confiar en mi voz, en mis experiencias, conocimiento y la pasión con la que he intentado transmitir a través de cada página de este libro.

Sé que cada historia que has leído, cada consejo que has absorbido y cada reflexión que has hecho, no son solo palabras en papel. Representan la esencia misma de lo que significa ser un emprendedor, espero que te hayas sentido muy identificado con ese emprendedor dispuesto a desafiar las normas, enfrentar los miedos y perseverar incluso cuando las circunstancias parecen desalentadoras.

Quiero que sepas que no estás solo en este viaje. Cada uno de nosotros, los emprendedores, formamos parte de una comunidad global que busca innovar, cambiar y, sobre todo, impactar positivamente en el mundo que nos rodea. Y tú, querido amigo, eres una pieza fundamental en este mosaico.

La confianza que has depositado en mí al elegir este libro

como tu guía me llena de humildad y responsabilidad. Pero ahora, es tu turno. Te insto, te animo y te desafío a que no dejes que la chispa de emprendimiento que arde dentro de ti se apague con la última página de este libro. Permíteme decirte con todo el corazón: ¡Actúa! Da el salto, rompe las barreras y materializa esas ideas que te mantienen despierto por la noche.

No esperes el momento perfecto, porque simplemente no existe. En su lugar, haz que cada segundo cuente, convierte cada obstáculo en una lección y recuerda siempre por qué empezaste este viaje.

Atrévete a soñar en grande, pero más importante aún, atrévete a convertir esos sueños en una realidad tangible. Porque el mundo necesita más que nunca de personas valientes, apasionadas y decididas como tú.

Finalmente, quiero que sepas que este no es un adiós, sino un "hasta luego". Te invito a que continúes compartiendo tus historias, tus triunfos y, sí, también tus fracasos, porque todos ellos son el testimonio de un espíritu inquebrantable, ese espíritu que nos caracteriza a nosotros como emprendedores.

Con profunda gratitud, emoción y energía, te envío un fuerte abrazo. ¡Adelante, emprendedor! El mundo te espera.

Con todo mi cariño y admiración,

- Paúl López

Descubre mas contenido en nuestra plataforma para emprendedores en acción en:

www.pluniversity.com

www.ingramcontent.com/pod-product-compliance
Lightning Source LLC
Chambersburg PA
CBHW020900310526
45786CB00018B/489